L'imposture pédagogique

Du même auteur

L'Ecole des barbares, avec Françoise Thom, Paris, Julliard, 1985.
La Philosophie de Sartre : essai d'analyse critique, Paris, PUF, 2006

Isabelle Stal

L'imposture pédagogique

PERRIN

www.editions-perrin.fr

ISBN : 978-2-262-02890-9

Pour Janine Moithy
Amicalement

Constat

Commençons par ceci : depuis vingt ans des professeurs inquiets ou meurtris par la nouvelle école qui prenait forme sous leurs yeux ont publié des livres dans lesquels ils décrivaient avec toute la précision souhaitable l'effondrement de notre système d'enseignement qui est, depuis longtemps, avéré. Chacun de ces livres est un témoignage de première main sur les dérives de l'école ; il s'en publie de nouveaux chaque trimestre que l'on trouve dans les coins les plus reculés de province, qui sont vendus et, sans doute, lus, sans que leurs auteurs soient parvenus à ce jour à percer le mur d'indifférence qui protège la chose scolaire, ni à ébranler la résignation avec laquelle chacun accueille les nouvelles de sa perdition. Pourtant les lecteurs de ces ouvrages et les journalistes qui en rendent compte sont aussi des parents que devrait alarmer la médiocrité des études que suivent leurs enfants.

Mais il aura fallu que nombre de collèges et de lycées se transforment en lieux de délinquance, qu'on s'y drogue, qu'on y vole, qu'on y viole et désormais qu'on tente d'y tuer, pour que l'opinion publique, alertée par quelques faits sensationnels montés en épingle par les médias, commence à s'émouvoir. Un élève poignarde un professeur, d'autres élèves empêchent, sous des prétextes qui naguère les eussent fait exclure, le déroulement d'un cours, un père armé vient menacer une institutrice, des violences verbales ou physiques inimaginables il y a même encore dix ans se produisent chaque jour, le plus souvent dans le silence, l'indifférence et la dissimulation.

Que s'est-il donc passé pour qu'en une génération un système d'enseignement dans l'ensemble bon, qui assurait la promotion d'enfants appartenant aux milieux les plus modestes, se soit presque complètement effondré ? Pourquoi les parents acceptent-ils sans protester d'envoyer leurs enfants dans des écoles où se propage la barbarie, courbent-ils l'échine et continuent-ils d'espérer que leur rejeton finira quand même par avoir un bac totalement démonétisé ? Pourquoi les professeurs endurent-ils comme une fatalité la dégradation de leur métier ? Pourquoi protestent-ils si rarement quand ils sont menacés, outragés, frappés, et pourquoi cette protestation, quand elle existe, demeure-t-elle aveugle, incapable de s'arracher à l'ornière de revendications corporatistes, à l'absurde logique du toujours plus ? Plus d'argent, plus de surveillants, plus de postes aux concours ! Pourquoi les mêmes se mettent-ils massivement en grève quand on leur demande de travailler une année de plus pour assurer leurs retraites et ne protestent-ils pas quand leur administration leur impose de revoir à la hausse leurs notes au baccalauréat ?

Il y a, dans cette situation paradoxale où les enseignants feignent d'enseigner et les élèves feignent d'apprendre, où les associations de parents ne cessent de protester contre la difficulté d'études qui vont sans cesse en s'affaiblissant, dans ce mensonge généralisé, dans cette méconnaissance persévérante de la réalité, quelque chose d'incompréhensible. On ne peut supposer, en effet, que tous les enseignants soient ignorants ou malhonnêtes, tous les enfants stupides ou paresseux, tous les parents indifférents à la formation intellectuelle de leur progéniture. Il est profondément déroutant que dans une société libre et ouverte où chacun devrait aspirer au meilleur, tant de maîtres sacrifient sans protester leur dignité personnelle et professionnelle à la propagation de l'ignorance, de la grossièreté et de la violence.

Cet effondrement se comprend d'autant moins que chacun sait que l'école « d'avant » était une bonne école. Que les enfants en sortaient en sachant lire, écrire et compter, à l'occasion dessiner et chanter ; qu'ils connaissaient l'épopée nationale du peuple français, ses grands poètes : Victor Hugo et Albert Samain, ses grands savants : Louis Pasteur, Pierre et Marie Curie, son hymne national et les couleurs de son drapeau, ce qui les autorisait à devenir, si lointaine, si exotique que fût leur origine, les fils légitimes de la nation. On critique sans réflexion la première formule de toute l'histoire de France que les enfants apprenaient par cœur : « nos ancêtres les Gaulois » au motif que de ces Gaulois ne descendaient pas la moitié de ceux qui fréquentaient les écoles. Raison bornée et mesquine : les petits Africains, Maghrébins, Vietnamiens, les petits Juifs qui parlaient polonais, russe ou yiddish à la maison étaient tous également français d'adoption ; ils commençaient d'apprendre la France à l'école et cela suffisait pour que leurs instituteurs les considèrent comme de futurs citoyens français et que la race, l'ethnie, la religion, la richesse ou la pauvreté de leurs familles perdent de leur importance. Sans doute les insultes racistes pleuvaient-elles dans les cours de récréation, bien moins qu'aujourd'hui toutefois dans les collèges des cités, mais en classe le maître ignorait les différences dont on nous rebat les oreilles au bénéfice du zèle et des résultats, de même que les particularismes s'effaçaient par la soumission à la loi commune et les croyances particulières, devant l'autorité du savoir.

Dans *L'Archipel du goulag*, Soljenitsyne rapporte que beaucoup d'anciens détenus, une fois convenablement brisés, préféraient survivre aux portes de leur camp, à portée de leurs anciens camarades et de leurs anciens bourreaux. On peut le comprendre. Puisque l'Union soviétique tout entière était une prison, où auraient-ils pu aller ? Mais nous ! Qui nous contraint ? Qui nous interdit de parler ? Qui nous oblige à répéter que l'école est de plus en plus démocratique au fur et à mesure que l'ignorance s'y répand ? Pourquoi nous condamnons-nous à souffrir et à faire souffrir de l'imposture que nous propageons ? Pourquoi acceptons-nous que l'indifférence, le conformisme, la distraction ou la lâcheté nous imposent une interminable conspiration du silence et nous interdisent de reconnaître la réalité d'une enfance et d'une adolescence sacrifiées à la tyrannie du pédagogiquement correct qui dissout notre perception et annihile notre jugement ?

Ce mystère est, toutes proportions gardées, aussi étonnant que les sympathies actives dont ont bénéficié les régimes communistes. Si notre lecteur est suffisamment vieux, peut-être se souvient-il du torrent de sottises que la Grande Révolution culturelle prolétarienne a déversé dans les médias européens et des extravagances que colportaient tous ceux qu'inspirait le Petit Livre rouge. Nous lisions, par exemple, que les ouvriers électriciens couraient le long des fils à haute tension qu'ils réparaient à mains nues sans interruption du courant, que les psychiatres obtenaient des guérisons miraculeuses en mangeant les vomissures de leurs malades, que des fibromes gros comme des pastèques étaient opérés grâce à la pensée du président Mao, et nous gobions tout cela avec enthousiasme.

La même tendance, apparemment incorrigible, à construire une réalité de fantaisie se rencontre dans la pédagogie. Pendant longtemps, Makarenko, le fondateur des goulags pour enfants, a été porté aux nues, et les fiers accents du *Poème pédagogique*, qui montrait dans tout son révoltant détail le progrès de la dékoulakisation en Ukraine, ont ému le cœur de nos pédagogues. Le dénominateur commun de ces aveuglements était le refus d'accepter les limites que la réalité impose au rêve, le désir de croire, le mépris des faits propre aux militants des avenirs radieux. Il suffirait pourtant aujourd'hui d'ouvrir les yeux et les oreilles, d'écouter parler les « jeunes », de feuilleter leurs manuels, de jeter un coup d'œil sur leurs travaux pour se convaincre que l'échec scolaire, selon une expression favorite de la rhétorique marxiste, « s'élargit et s'approfondit » ; mais le système qui en est responsable gagne en assurance, en puissance, et chacun courbe le dos comme si le désastre scolaire s'était mué en nécessité naturelle. De plus, comme naguère à l'encontre du marxisme, les critiques, même admises, même nombreuses, vont rarement au cœur du sujet. On reconnaît à la rigueur que la réalité de l'enseignement contredit toutes les assurances, toutes les prétentions des pédagogues, mais on considère toujours bonnes et pures les intentions qui ont présidé à tant de réformes désastreuses, essentiellement supérieures à toutes les objections des philistins qui, formulées au nom de la morne réalité, sont, pour cela même, disqualifiées. Sans doute les hommes veulent-ils rêver parce que leurs rêves satisfont des amours impossibles et des haines interdites. La pédagogie est un rêve éveillé, une transgression agie devant laquelle chacun détourne pudiquement la face pour continuer d'aimer ce qui n'est pas et pour haïr tout à son aise ce qui est. Il faut lui attribuer la structure de l'illusion, la forme logique du déni pervers : « Je sais bien, mais quand même... », le style de l'incantation. C'est pourquoi, de l'un à l'autre, l'on retrouve la même rhétorique, le même radotage aberrant dont les fonctions sont propitiatoires et conjuratoires puisqu'il ne s'agit jamais de dire mais de masquer, de faire accroire et d'intimider.

Pourtant le règne du faux-semblant n'est pas éternel. Peut-être finira-t-il par desserrer son étreinte de sorte que l'on puisse de nouveau nommer la réalité et reconnaître l'à-propos de tant de critiques formulées depuis tant d'années sans être vraiment entendues. Au reste, les signes d'une crise ouverte se font insistants. Le mouvement anti-CPE, par exemple, a montré à quelle profondeur le mal est parvenu. Des universités saccagées, des centres de recherche conchiés, des étudiants interdits d'études par leurs camarades au prétexte, risible et honteux, que « s'ils pouvaient assister aux cours, ils seraient favorisés », des grimauds de collège conduits aux manifs par leurs maîtres, des petits enfants encouragés par leurs éducateurs à rédiger des dazibaos et à peinturlurer des banderoles pour faire l'« apprentissage de la solidarité citoyenne ». Mais aussi des jeunes gens affolés à l'idée d'entrer dans le monde du travail, des jeunes filles sérieuses, diplômées qui « pètent les plombs » à la pensée que, deux ans durant, il leur faudra faire preuve de leurs qualités professionnelles, tout ce tohu-bohu, cette sarabande où les CRS-SS de naguère sont sommés de protéger les « jeunes » des casseurs et de jouer les nounous, tout cela montre que nos écoles-casernes se sont transformées en nurseries, en lieux de parole où soufflent tous les vents du baratin contemporain, ou bien encore en centres psychothérapeutiques pour adolescents en difficulté.

Comment en sommes-nous arrivés là ? Nous et notre école tant vantée, la meilleure au monde, qui assurait toujours mieux l'égalité des chances, nos classes maternelles accueillantes aux bébés de deux ans, nos ZEP implantées dans tous les « quartiers sensibles », nos collèges ouverts sur le monde et les cités, nos conseils de vie lycéenne, nos soviets de marmots, notre éducation aux valeurs solidaires et démocratiques, et tout le sacro-saint Fourbi ! Notre Université où toute entreprise de sélection, la plus petite tentative d'orientation, ou bien encore l'idée qu'un étudiant pourrait acquitter le prix de ses études suscitent une horreur sacrée ! Pourquoi ? Comment ? Et le public, pour un moment dégrisé, de secouer son hébétude et quelques journalistes, flairant un air nouveau, de se tourner vers des témoignages d'enseignants sur lesquels, pour un bref moment, le projecteur médiatique se trouve braqué.

La faute au grand capital

Or qu'apprend-on, que comprend-on alors ? Le plus souvent ceci : notre école est mauvaise certes, et même très mauvaise, mais c'est, comme tant de mauvaises choses ici-bas, la faute du capitalisme, du libéralisme déchaîné sans oublier, de reste, la mondialisation. Telle est en effet la thèse que soutient, encore aujourd'hui, une majorité d'enseignants qui se hasardent à la critique, au nombre desquels on doit citer Jean-Paul Brighelli, dont le premier ouvrage, *La Fabrique du crétin*, est parvenu à fêler, pour un temps, le mur d'indifférence auquel se heurtent le plus souvent les déplorations de ses collègues. On doit s'en réjouir, bien sûr, mais jusqu'à un certain point seulement.

Car les descriptions de ce professeur ont beau être criantes de vérité, ses conclusions sont fausses. On ne peut admettre sans absurdité que le libéralisme mondialisant organise tout exprès la déqualification des fils du peuple pour les exploiter à son aise et peser ainsi sur la mobilité et le coût du travail. Cette explication avait déjà cours dans les années soixante parmi les trotskistes qui croyaient à la paupérisation absolue du prolétariat. A quoi nous opposons ceci : l'instruction s'est organisée en Europe, comme l'a montré Durkheim[1], sous la

1. Cf. *L'Evolution pédagogique en France*, Paris, PUF, 1969.

pression d'un idéal humaniste emprunté à une Antiquité rétrospectivement christianisée, puis elle s'est généralisée pour répondre à une commande toujours plus pressante et plus ample de la société qui exigeait des élites qualifiées. Est-il donc concevable qu'aujourd'hui, alors que l'exigence de compétence professionnelle est infiniment plus élevée que par le passé, le capital s'ingénie à scier le tronc sur lequel sa prospérité est établie ? Que le monde de l'économie passe commande d'illettrés, d'ignorants, d'instables et de caractériels, alors que la mondialisation et l'ouverture des marchés supposent, on ne cesse de nous le répéter, et Brighelli lui-même, une compétition sans merci ? Les chômeurs ne sont plus l'« armée de réserve du capital », ils grèvent le budget de la Sécurité sociale qui est, pour une part, financé par les patrons et l'on ne voit pas comment les deux cent mille élèves qui sortent chaque année du système scolaire français sans diplôme permettraient aux entreprises de faire pression sur le coût du travail. Celles-ci n'ont nul besoin d'une armée de loqueteux sans qualifications. Si leur compétitivité est menacée, elles cherchent une meilleure productivité, ou elles délocalisent. Au contraire, les aides que reçoivent les jeunes en échec scolaire, les dépenses vainement engagées pour eux, tout au long de leur scolarité, leur placement dans les diverses filières éducatives spécialisées, l'assistance que sont censés leur apporter toute une noria d'éducateurs, de rééducateurs, de psychologues mobilisent des sommes soustraites à l'investissement productif et pèseront sur l'économie du pays aussi longtemps que ces jeunes gens auront besoin d'assistance, c'est-à-dire, pour certains, jusqu'à leur mort.

A l'inverse, on ne voit nulle part en France que l'entreprise s'entende avec l'école pour obtenir les travailleurs dont elle aurait pourtant besoin. Alors que tant de jeunes gens manquent chaque année de la formation élémentaire qui leur permettrait de trouver un emploi, le coiffeur, le boucher, le plombier, le restaurateur, l'hôtelier, le chef de chantier attendent en vain les apprentis qui accepteraient de trimer le temps nécessaire pour apprendre leur métier, ne considéreraient pas le patron comme leur ennemi et le travail comme une aliénation. Si l'on veut garder l'espoir de temps meilleurs, il faut donc se débarrasser une bonne fois de la mythologie postmarxiste qui aveugle encore un si grand nombre de professeurs et reconnaître que l'école de France n'est pas aliénée au monde économique mais à ses propres carences. Laissons donc là le procès du libéralisme et rappelons à notre collègue ce que chacun sait : les entreprises n'ont aujourd'hui que faire de « crétins » ; elles cherchent, souvent sans les trouver, des employés qualifiés.

Au reste, l'hypothèse d'un patronat tout-puissant qui imposerait ses normes à l'école se heurte à l'influence des syndicats qu'il est difficile de surestimer. Comment est-il pensable que des organisations socialistes ou communistes poursuivent les mêmes desseins que les acteurs de la mondialisation ? Chacun sait pourtant que toutes les réformes de l'Education nationale depuis la Libération, à commencer par le fameux plan Langevin-Wallon[1], ont été engagées à l'initiative des syndicats qui font démettre les ministres lorsqu'ils s'opposent à leurs vues et qui, par le biais d'innombrables commissions paritaires, cogèrent l'énorme machinerie des affectations et des mutations. Il n'est pas de recoin, non seu-

1. Rappelons que ce plan, conçu par Paul Langevin, membre du Parti communiste français, et Henri Wallon, député communiste en 1946, voulait porter à quinze ans l'âge de l'obligation scolaire qu'il envisageait sous une forme identique pour tous les élèves. Cette billevesée a finalement triomphé en 1975, avec le Collège unique de René Haby.

lement au ministère, mais dans les rectorats et les inspections académiques qui échappe à leur influence et à leur surveillance. Les mêmes triomphent en outre dans les IUFM[1] qui sont, nous y reviendrons à loisir, leur création et leurs créatures et par l'entremise desquels ils tentent de s'infiltrer à l'Université. Si la « fabrique des crétins » était un rouage du grand capital, il faudrait admettre que la gauche et l'extrême gauche servent, en France, les mêmes desseins puisque c'est leur politique qui, au nom de la démocratisation de l'enseignement et de l'égalité des chances, a entraîné une baisse générale du niveau pénalisant en premier lieu, comme chacun le reconnaît aujourd'hui, les élèves les plus démunis. Cette thèse ne tient donc pas ; on ne saurait suspecter le SNI, le SNES, le SGEN, la FSU de s'être faits, eux aussi, les alliés subreptices de la mondialisation. Ce n'est donc pas la logique du marché qu'il nous faut incriminer si nous voulons expliquer le naufrage intellectuel que nous imposons à nos enfants.

1. Les Instituts universitaires de formation des maîtres.

LÂCHETÉ DE LA DROITE

Faut-il pour autant exonérer la droite ? Sûrement pas ! Son incurie, son irresponsabilité, sa recherche démagogique du consensus, sa vulnérabilité à l'intimidation idéologique exercée par la gauche et son incroyable lâcheté devant les nomenklaturas syndicales l'ont détournée de mener une politique en accord avec ses principes qui aurait su concilier l'esprit de liberté et l'aspiration au progrès. Ses démissions ont rendu, à juste titre, les professeurs soupçonneux. Les engagements pris durant les périodes électorales sont presque toujours oubliés, ce qui était critiqué à bon droit comme une abomination, par exemple l'institution des IUFM, est, quelques mois plus tard, honteusement admis comme une « réalité incontournable ». De plus, on n'a jamais vu aucun gouvernement de droite mettre à profit les fameuses semaines de grâce qui suivent une victoire électorale pour débarrasser notre école de ses pédagogues.

Il est d'ailleurs surprenant de voir les ministres de gouvernements légitimes, régulièrement élus, impuissants à imposer leur politique sur des sujets qui relèvent de leur compétence comme le choix d'une méthode de lecture ou l'abandon d'une disposition concernant les épreuves du baccalauréat, ou bien encore la diminution des effectifs ministériels. Pourtant la saynète se répète dans chaque nouveau gouvernement. Luc Ferry a été conspué pour un livre qu'il avait pris la peine de rédiger et d'adresser à chacun des enseignants, et dont nos antifascistes professionnels n'ont pas répugné à faire des autodafés. François Fillon, qui avait compris quelques-unes des causes de l'échec de tant d'écoliers et tentait discrètement d'y remédier, s'est vu *illico* rappeler par les syndicats à la modestie qui sied à un ministre[1] et il n'est pas de jour où les militants de la pédagogie ne s'en prennent à la méthode de lecture syllabique, pas de jour où je ne reçoive des courriels indignés contre la régression sociale que, je ne sais pourquoi, elle annonce et préfigure. Mais alors que préconiser ? Faut-il supprimer le ministère de l'Education ? Le remplacer par un Cartel syndical pour la Lutte contre l'Illettrisme, la Promotion de la Citoyenneté, l'Egalité des Chances et la Démocratie dans le Respect de toutes les Différences et de toutes les Identités où siégeraient le SNI, le SNES, le SNIUP, l'UNEF, SUD Education et sans doute encore quelques autres, ce qui épargnerait du moins au contribuable les frais inutiles de la cogestion ministère-syndicats ?

1. Xavier Darcos a tiré les leçons de cet état de fait. Il contourne les obstacles et démine le terrain avant de s'y aventurer, par exemple en substituant l'obligation de résultats à l'obligation de méthode qui avait été imposée par les pédagogues. Nul ne sait aujourd'hui jusqu'où cette prudence exemplaire lui permettra d'avancer.

Syndicats

On ne saurait en effet exagérer la puissance de la nébuleuse syndicale qui, depuis la Libération, sous couvert de gestion démocratique, a verrouillé toutes les instances de l'Education nationale. Mais il est difficile de convaincre le public de cette réalité, tout d'abord, parce qu'il ne s'intéresse pas, à bon droit, aux menées des syndicats, ensuite parce que leur fonctionnement lui demeure totalement opaque. Car nul ne peut s'approcher de la Grande Machine s'il n'est un de ses desservants, s'il n'a été coopté à ce titre, si son orthodoxie n'a été mise à l'épreuve. Surtout, l'ennui distillé par les innombrables commissions et sous-commissions académiques, rectorales, ministérielles, par les conseils d'administration des divers établissements scolaires ou universitaires, est à ce point pesant qu'il décourage tous ceux qui n'appartiennent pas au sérail et n'ont pas, de ce fait, l'occasion d'observer les menées des syndicalistes. Une personne normalement constituée n'y tient pas.

J'ai moi-même dû par nécessité assister à nombre de ces réunions, je me suis fait cent fois le serment de noter ce qui s'y débattait, cent fois j'ai jeté mes papiers parce que la lassitude m'avait à ce point submergée que je ne comprenais plus ce que j'avais écrit. Ces séances, quel qu'en soit l'objet, ont d'ailleurs un déroulement immuable. Préparées par les responsables des, ou le plus souvent, du syndicat[1], elles sont une pantomime de démocratie. Certes, tous les professeurs, membres de l'administration, éventuellement élèves et parents sont conviés à « s'exprimer » et chacun fait valoir son point de vue, mais après une heure de vains débats, la question est devenue à ce point confuse, embrouillée, insaisissable que chacun regarde sa montre et songe à rentrer chez soi. Encore trois quarts d'heure et l'ennui pique les paupières. Seuls résistent ceux qui ont été spécialement entraînés, qui entendent faire valoir l'intérêt de la Cause, qui ont préparé le schmilblick de longue main et font adopter, dans le brouhaha qui précède la débâcle, la résolution qu'ils avaient prévue.

Pour qui a fréquenté dans sa jeunesse les assemblées générales de telle organisation gauchiste, le parallèle est frappant : des heures de discussions vaines, confuses et passionnées sur des broutilles, puis des motions votées en trois minutes, alors que la lassitude a décimé les rangs. Ce sont d'ailleurs les militants expérimentés de l'extrême-gauche qui ont investi les syndicats dont ils inspirent la politique, ce sont eux qui, dès les années soixante-dix et, plus encore sous les deux septennats Mitterrand, ont conquis toutes les bastilles de l'Education sans jamais rencontrer aucune résistance puisqu'ils s'appuyaient sur des organisations rodées et s'opposaient à des individus sans doute infiniment plus nombreux mais isolés, dispersés, sans expérience du « débat citoyen », lors de soviets où tout était déjà réglé.

Chacun sait d'ailleurs que les syndicats, nonobstant leur faible représentativité, sont puissants, qu'ils marchent main

1. C'est-à-dire du syndicat de gauche majoritaire.

dans la main avec des associations de parents d'élèves, elles-mêmes politisées, de sorte que les ministres doivent choisir entre la cogestion et la démission, mais peu de personnes s'en offusquent. Au plus fort des grèves contre la réforme Fillon, lorsque les écoles furent fermées des semaines durant, beaucoup de parents s'indignèrent tout bas mais n'eurent garde de protester publiquement, moins encore de s'organiser contre un mouvement exclusivement corporatiste qui défendait de la façon la plus évidente des privilèges de nantis et ne pouvait invoquer aucun souci du bien commun. Certains me dirent qu'ils craignaient les conséquences d'une protestation au grand jour pour leurs enfants, sans que ce motif lui-même ne les troublât.

Or cette passivité consentante ou cette résignation se rencontrent à tout propos et à chaque moment. Les parents se taisent lorsque leurs enfants sont violentés à l'école, ou se demandent à la rigueur comment les protéger contre le racket de leurs camarades, à moins qu'ils ne joignent leur voix à celle des syndicats pour réclamer plus de moyens ; ils se taisent encore devant les fautes d'orthographe ou de syntaxe qui émaillent les corrections des maîtres, devant les lacunes de l'instruction, devant la grande braderie annuelle du baccalauréat, devant la médiocrité des études prétendues supérieures qui n'apprennent plus rien et ne conduisent nulle part. Pourtant ces parents furent eux-mêmes écoliers et se souviennent que, de leur temps, c'était autrement.

Il faut donc leur supposer un accord tacite avec ce qui est, ou alors une sorte de myopie qui brouille leur perception de la réalité. Mais quels motifs trouver au fondement de cette résignation ? Est-ce notre passivité française qui nous incline à incriminer l'Etat dont nous attendons tout, à dénoncer son arbitraire plutôt que de prendre nos propres affaires en main ? Bien des parents, il est vrai, finissent par voter avec leurs pieds, désertent l'école publique et cherchent pour leurs enfants un établissement privé où la drogue circulera moins, où les élèves seront mieux tenus et moins exposés. Mais ces écoles sont rarement meilleures sous le rapport de l'instruction. Elles suivent les mêmes programmes, emploient les mêmes professeurs, utilisent les mêmes manuels et surtout partagent les mêmes attendus que l'enseignement public auxquels elles ajoutent volontiers, lorsqu'elles sont catholiques, un humanitarisme gnangnan nourri d'Ouverture à l'Autre et de Respect de la Différence. Les élèves qui les fréquentent ne sont souvent guère mieux instruits, sans que leurs parents, d'ailleurs, semblent s'en offusquer. Car qu'importent au fond l'orthographe, la grammaire, l'arithmétique, l'histoire et la géographie, qu'importent le latin et le grec, du moment que ces établissements se disent acquis à des méthodes modernes, que les enfants y disposent d'ordinateurs, qu'on les initie à la com.com en anglais, qu'on y pratique enfin une pédagogie consensuelle et cool, conforme aux valeurs démocratiques de notre temps ?

Démocratie

Puisque les politiques scolaires de la droite et de la gauche sont aussi peu distinctes et leurs ministres, interchangeables, il faut bien chercher au désastre scolaire une cause moins conjoncturelle, qui ne reflète pas les mouvements les plus superficiels de la vie politique mais témoigne des mutations qui affectent notre société dans sa profondeur. On en vient donc à incriminer ce que chacun nomme aujourd'hui la démocratisation de l'enseignement, soit la disparition de la sélection qui a entraîné, sous la pression du nombre, à laquelle il ne semble plus possible aujourd'hui de s'opposer, un irrésistible affaissement du niveau qui balaie tous les dispositifs d'instruction. Qu'on le déplore ou qu'on s'en réjouisse, ce fait est admis comme l'effet inéluctable de ces avancées démocratiques auxquelles seuls des nostalgiques ringards, des passéistes ridicules, des élitistes rancis accrochés à leurs privilèges, des ennemis impuissants de la modernité, en un mot tous les demi-solde de la République à l'ancienne voudraient encore s'opposer. L'échec de l'école témoignerait ainsi d'une puissante évolution sociale, d'une lame de fond « civilisationnelle » que la politique serait incapable d'endiguer ou même de canaliser. Devant ce mouvement à l'ampleur phénoménale, chacun n'aurait qu'à courber l'échine et qu'à demeurer coi.

Cette résignation et les analyses qui l'alimentent sont-elles fondées ? Je ne le crois pas. Car la pression mécanique du nombre serait demeurée impuissante si elle n'avait été orientée par l'idéologie qui a jeté à bas tout l'édifice de l'ancienne école avec la violence d'une révolution culturelle, poussant sur le devant de la scène scolaire des courants pédagogiques naguère confidentiels, sous-produits de toutes les variantes possibles de l'utopie communiste, imposant leurs thèses à la très grande majorité des enseignants jusqu'à modeler leurs conceptions et leurs pratiques et assurant ainsi son emprise sur des générations de maîtres qui, mal instruits mais intellectuellement intimidés, ont fini, sans adhérer à aucune idée véritable, par se soumettre à la toute-puissante, à l'omniprésente doctrine de la pédagogie.

C'est là sans doute l'une des raisons pour lesquelles tant d'excellentes critiques n'ont pu rencontrer dans le public l'écho qu'elles auraient dû susciter. Il eût fallu saisir, par-delà la pression du nombre et la dégradation continue de notre système d'enseignement, le consensus idéologique mou qui est devenu le prêt-à-penser de notre société. Montrer au surplus que les sottises des pédagogues, loin de se déployer dans l'éther de la pure pensée, s'appuient sur des réseaux d'influence puissants qui, se liant les uns aux autres, se renforçant les uns les autres, ont créé, particulièrement dans les trente dernières calamiteuses années, tout un corps de doctrine qui, sous couvert de pédagogie, s'est développé aux dépens de l'instruction et a fini par la ruiner.

PÉDAGOGIE

Mais nous ne pouvons sérieusement soutenir que la pédagogie a détruit l'enseignement sans apporter cette précision : il faut, lorsqu'on parle de pédagogie, distinguer deux aspects du mot. Le premier, qui est adjectif, désigne les qualités d'un maître capable de transmettre ce qu'il sait avec exactitude et clarté, en se mettant à la portée de son auditoire et, dans la mesure du possible, en suscitant son intérêt. La pédagogie est alors un art et un talent que l'expérience développe jusqu'à un certain point mais qui repose sur des ressorts psychologiques cachés qu'il est impossible de découvrir, *a fortiori* de mobiliser à volonté. Certaines personnes qui peuvent n'être pas de la partie sont naturellement pédagogues, d'autres, non. Il est donc juste de dire avec les enseignants et leurs syndicats qu'il ne suffit pas d'être savant pour être bon pédagogue. C'est particulièrement vrai dans les petites classes où les enfants ne disposent pas encore du plein usage de leur raison ni du savoir propre à l'exercer, de sorte que les instituteurs doivent recourir à toutes sortes d'artifices de méthode pour stimuler leur réflexion et mettre à leur portée les connaissances qu'ils doivent acquérir. A l'inverse, l'enseignement universitaire se passe de pédagogie, ou plutôt celle-ci est consubstantielle au mouvement d'esprit requis par la nature du savoir enseigné. L'on voit par là que l'autonomie intellectuelle, la capacité à s'orienter dans les difficultés et les problèmes inhérents à une discipline, bref la maîtrise d'un domaine de connaissance rendent superflus les secours de la pédagogie qui se confond alors entièrement avec l'art de l'exposition. De là, deux conséquences : la pédagogie ne saurait être une fin en soi parce qu'elle n'a pas sa raison en elle-même, mais dans le savoir dont elle facilite l'assimilation ; elle ne saurait non plus être l'objet d'une science, puisque toute science réellement acquise la rend superflue. Son seul usage légitime se trouve donc dans ce temps intermédiaire où l'élève apprend encore en tâtonnant sans pouvoir trouver lui-même ses prises, où il a besoin d'explications et d'exercices, autant que d'exposés et de leçons, bref, où il lui faut assimiler des démarches intellectuelles depuis longtemps dégagées par les progrès de la pensée humaine mais dont il n'a, au mieux, qu'une intuition confuse, irréfléchie et fragmentaire.

Le second emploi du terme – qui prévaut désormais – est substantif. On ne félicite plus, de nos jours, un maître d'être bon pédagogue, c'est-à-dire clair et ingénieux, on exige qu'il ait étudié la pédagogie qui a désormais rang de savoir et s'est constituée elle-même en discipline à part entière. La pédagogie ainsi définie est devenue le principe de distinction qui permet de séparer les (vieux) maîtres réprouvés des (modernes) élus. Ainsi, peut-on être savant, original, brillant, posséder à fond sa discipline, si l'on est réputé nul en pédagogie, ce seul trait suffit à vous disqualifier. On pourrait admettre qu'il s'agit là, après tout, d'une remarque de simple bon sens si tout le savoir enseigné à l'école n'était lui-même à son tour affecté par cette distinction. Car il existe aux yeux des pédagogues un mauvais savoir : celui qui est transmis, qui, possédé ou détenu par le maître, se voit imposé aux élèves et se trouve désormais, pour cette raison, interdit de cité dans notre école citoyenne. Le bon savoir, quant à lui, n'est pas transmis, oh que non ! mais construit par l'« apprenant » qui doit parvenir à se l'approprier grâce à tous les artifices de la pédagogie. Dès lors, loin que le maître soit l'allié de son disciple, on le tient et il se tient souvent lui-même pour son ennemi, à moins qu'il n'abdique l'essentiel de son pouvoir et même qu'il ne renonce à son savoir pour se tenir modestement à son rang, celui d'une « personne ressource », comme le prônent les pédagogies à l'honneur dans les IUFM, par exemple la pédagogie institutionnelle ou celle de Célestin Freinet.

Le premier souci de la pédagogie moderne n'est donc pas de dispenser des connaissances mais, en mettant le savoir à la portée de tous, en veillant à ce que tous puissent s'en emparer, de lutter encore et toujours contre les inégalités. Inégalité entre le savant et l'ignorant, l'élève et le maître mais aussi entre les élèves eux-mêmes qui doit être abrasée par l'égalitarisme, principal motif et raison première de notre système d'enseignement[1]. Bien sûr, la tâche est infinie puisque des élèves qui s'initient au savoir, même le plus modeste, ne laissent pas, quoi que fassent leurs maîtres, de se distinguer. Ce devient, dès lors, une ardente obligation citoyenne

---

1. Voir, par exemple, cette remarque de Philippe Meirieu, professeur de sciences de l'éducation à l'université de Lyon et gourou de la pédagogie : « L'idéal républicain pour l'école est l'égalité la plus grande possible pour tous dans l'accès au savoir », d'où l'auteur déduit que l'école « ne peut pas être le lieu de l'obligation de résultats, elle ne peut être que le lieu de l'obligation de moyens », de sorte que « l'école est le lieu où l'on n'évacue pas le "maillon faible" mais où l'on parie sur son éducabilité ». Université d'automne, *Fenêtres sur cours*, hebdomadaire n° 249 du 25. 11. 2003.

d'expurger les pratiques pédagogiques et les contenus, c'est-à-dire les diverses disciplines, de tout ce qui pourrait être vecteur de discrimination. C'est pourquoi les programmes scolaires sont, depuis trente ans, continuellement revus à la baisse sans que personne, ou presque, ne s'en offusque. Les enfants d'aujourd'hui ne sont pas moins intelligents que leurs grands-parents. Sans doute sont-ils submergés d'images et répugnent-ils à s'imprégner d'une culture livresque. Mais ce serait justement à l'école de faire contrepoids. Les maîtres qui ne cessent de moquer les séries télévisées américaines auraient là un rôle utile à jouer. Hélas, ils n'y songent pas ! L'acquisition des connaissances n'est plus, à leurs yeux, la raison d'être de l'école, mais l'occasion de réaliser une démocratie vraiment démocratique, telle que l'écart entre les élèves et le savoir se fasse aussi réduit que possible. Il faut avant tout « mettre l'élève au centre du système éducatif », faire « construire leurs savoirs par les apprenants », susciter des « conflits sociocognitifs » et des « situations problèmes », toutes pratiques qui procèdent du dogme selon lequel la manière dont on apprend est plus importante que le savoir enseigné.

C'est alors que l'action pédagogique, ou plutôt, comme il est officiellement recommandé, la « prévision de l'action pédagogique », le « développement des stratégies d'apprentissage », les « activités d'évaluation », la « gestion des groupes », l'« analyse des pratiques » deviennent les objectifs fondamentaux que poursuivent les enseignants, au détriment, répétons-le, de ce que nos doctes nomment, du bout des dents et avec un reniflement de mépris, les savoirs. On enseigne donc le moins possible les choses les plus faciles et, dans l'espoir d'une égalisation asymptotique, on distend indéfiniment le temps de la scolarité. Pour la même raison, on ne dit plus d'un enfant qu'il ne sait pas ou n'a pas compris la division, l'orthographe, etc., mais qu'il est « en cours d'acquisition ». De sorte que nombre de jeunes entrent aujourd'hui en terminale à vingt et un ans révolus toujours en cours d'acquisition et doivent encore « découvrir », par eux-mêmes, bien sûr ! qu'on ne conjugue pas les adjectifs, que les verbes ne prennent pas de « s » au pluriel, que « la » de « la chaise » n'est pas la même chose que « la » de « je la vois », ou que « là » de « nous allons là ».

Cette pédagogie en papier crépon intimide cependant nombre d'enseignants parce qu'elle se soutient d'une prétention à la scientificité qu'il n'est certes pas aisé de définir mais dont chacun comprend que c'est quelque chose d'aussi beau et de plus moderne que la science. A vrai dire les pédagogues hésitent : d'un côté, ils se réclament des sciences de l'éducation parce que ça fait sérieux ; mais ils entendent aussi être des humanistes. Il leur en coûte d'abandonner toute référence à la philosophie qui, même très vieillie, conserve encore un reflet de son lustre ancien. On les voit donc hésiter sans consentir à sacrifier la philosophie à la science ou la science à la philosophie ; non qu'ils soient particulièrement attachés à l'une ou à l'autre mais parce que le pouvoir de se réclamer alternativement de l'une, puis de l'autre, leur confère un crédit dont ils ne jouiraient pas autrement. Face aux spécialistes du cerveau, ils invoquent la personne et le sujet, notions nimbées à leurs yeux d'un halo mystique, mais avec les philosophes qui s'agacent de leurs minauderies et s'irritent de leurs prétentions, ils ne jurent que par les avancées des neurosciences et de l'intelligence artificielle. En accord avec cette logique boiteuse, le département dont je relève au sein de mon IUFM se nomme, selon les préférences de chacun, « Philosophie et sciences de l'éducation » ou bien « Philosophie et pédagogie », comme si ces domaines avaient un même statut théorique, une même dignité et relevaient d'une logique comparable. Mais la pédagogie n'est pas sous la dépendance de la philosophie, pas plus que l'on ne peut faire dériver ses maximes des sciences de l'éducation, qu'au demeurant personne n'a jamais pu définir. Et il n'existe pas non plus de pédagogie générale ou transversale qui conviendrait également à la lecture, aux mathématiques, à l'histoire, à la biologie, au dessin et permettrait de faire l'économie des savoirs particuliers auxquels elle suppléerait par l'art de la communication.

On doit au contraire maintenir qu'un maître s'impose non parce qu'il sait « communiquer », autrement dit rendre son propos également accessible à tous et d'emblée transparent, mais parce que sa parole épouse avec la plus grande exactitude les contours de la chose dont il parle, éclaire sa face la plus visible, la plus immédiatement accessible et dispose également alentour les zones d'ombre à partir desquelles la pensée de l'élève pourra prendre son propre essor. L'on m'objectera que je confonds l'enseignement avec le dialogue socratique, et je répondrai que ce que je soutiens ici est vrai et se vérifie, n'en déplaise aux pédagogues, « de la maternelle à l'université ». Il faut avoir entendu un petit bonhomme de six ans qui a réussi, après plusieurs tentatives malheureuses, à tracer son triangle à la règle, s'écrier, tout radieux : « J'ai compris », pour comprendre soi-même que le désir d'intelligence est chevillé à l'âme humaine ; il faut avoir vu, dans les classes primaires, une fois, dix fois, vingt fois, autant de fois que l'on voudra, des enfants venir vous remercier avec effusion pour ce que vous avez pu leur apprendre ou leur expliquer en dix minutes, et vous demander : « Tu reviens cet après-midi ? » pour apprécier la différence entre des exercices faits mécaniquement à partir de feuilles polycopiées où l'on ne demande le plus souvent à l'élève que de cocher la bonne réponse, de trouver les mots qui manquent ou de souligner les « connecteurs » et la parole qui le guide dans l'appréhension d'un savoir dont le maître lui-même se trouve vivifié.

Or c'est précisément ce désir si profondément humain de logos, cet élan vers la vie de l'esprit que la pédagogie moderne s'acharne à détruire avec les procédés ingénieux que nous décrirons plus loin. On peut, bien sûr, comprendre que des parents, des administrateurs, les apparatchiks ministériels qui n'ont jamais de leur vie d'adulte mis les pieds dans une classe, ou bien encore des jeunes gens dûment intimidés par leurs formateurs des IUFM, s'imaginent qu'il existe des kits pédagogiques prêts à l'emploi dont les professeurs devraient être munis et que tous réclament, comme ils le disent, la « professionnalisation de la formation des enseignants ». Mais aucun maître expérimenté ne peut donner dans ces fariboles. Il sait que le meilleur talent pédagogique, s'il n'est soutenu par un savoir suffisant, s'exerce à vide et voit, à l'inverse, la qualité de son cours s'améliorer dans des proportions prodigieuses, dès lors qu'il connaît plus et mieux ce qu'il doit enseigner.

Histoire

D'où vient alors le crédit dont jouit parmi les enseignants tout ce qui se réclame de la pédagogie ? Il faut, pour répondre à cette question, jeter un bref coup d'œil sur l'histoire récente de l'école et des mutations qui l'ont affectée. Rappelons en premier lieu que la légitimité des instituteurs a longtemps reposé sur la seule instruction qui leur était dispensée dans les Ecoles normales. Les épreuves qui permettaient d'y être reçu étaient difficiles ; elles exigeaient, en mathématiques et en français tout au moins, un niveau supérieur au niveau moyen d'un élève de lycée. De plus, les normaliens qui préparèrent leur brevet supérieur, puis leur baccalauréat dans ces austères établissements étaient sévèrement tenus ; ni le travail, ni le zèle, ni l'exactitude n'étaient considérés à la légère car les Ecoles normales d'instituteurs étaient mandatées par la République pour arracher à l'Eglise l'influence qu'elle exerçait depuis tant de siècles sur les âmes et sur les intelligences des enseignants eux-mêmes et des enfants. En ces temps belliqueux, rien n'importait donc davantage que la maîtrise du savoir, puisque c'était en le dispensant que l'Eglise conservait une part de sa légitimité publique. D'où l'ambition encyclopédiste de l'école laïque qui fut d'enseigner « tout ce qu'il n'est pas permis d'ignorer ».

Cette rivalité incessante et souvent violente entre catholiques et laïcs explique aussi, me semble-t-il, l'éthique exigeante des instituteurs, telle qu'elle se préserva jusqu'au milieu du siècle dernier. Car les maîtres devaient être, dans leur vie publique comme dans leur existence privée, des modèles de vocation, de dévouement, de probité, de dignité, et, bien sûr, de savoir. On leur demandait, sous tous ces rapports, de montrer l'exemple. Le code Soleil qui réglait minutieusement leur existence, le choix de leur mobilier, de leurs vêtements, de leurs activités périscolaires et jusqu'au nombre de leurs enfants (deux !), les guidait fermement, tant dans la sélection de leur conjoint que dans les détails de leur vie administrative ; il dirigeait les consciences et les existences. Les instituteurs n'étaient pas, comme ils aiment à se nommer aujourd'hui, des « enseignants » ou bien, appellation ridicule, des « professeurs des écoles », mais les cadres de la République d'en bas, visibles, socialement et intellectuellement actifs, jouissant d'une autorité incontestée et, le plus souvent, justifiée qui les satisfaisait. La correction de leur langage les distinguait des milieux populaires au sein desquels ils exerçaient, leur instruction était fortement charpentée en un corps de connaissances élémentaires, cohérent et dogmatique, en un système de règles incontestables, de morceaux choisis et de grands exemples qui modelaient leur éthique, leur esthétique et formaient un premier conservatoire de la culture nationale, décantée et quintessenciée.

Mais ces temps ne sont plus ! Les instituteurs ont perdu leurs ennemis, les curés, leurs amis, les paysans, et leur ancien domaine d'activité, le village. Ils ne reçoivent plus, dans leurs classes, les enfants des artisans, leurs voisins, ou les fils d'ouvriers avec lesquels l'identification était aisée et gratifiante mais le public anonyme des classes moyennes ou bien les gamins des milieux défavorisés ; ils ont cessé d'être des notables au sein de leurs villages, des maîtres respectés devant lesquels on se découvrait, à qui l'on offrait des œufs, un poulet, des légumes du potager ; enfin, dans le cycle qui va de Mai 68 à la victoire électorale des socialistes en 1981, la télévision, l'ordinateur ont peu à peu brouillé leur légitimité intellectuelle au fur et à mesure que le savoir se trouvait supplanté par l'information.

Ce changement a-t-il érodé leur statut ? C'est selon et l'on doit distinguer. A l'évidence, les instituteurs ont perdu en prestige, en dignité sociale, et leur nouvelle dénomination de « professeurs des écoles », au lieu d'y remédier, souligne encore cette diminution. En revanche, ils ont gagné en salaire puisqu'ils sont aujourd'hui payés comme des professeurs certifiés. Surtout, grâce à l'allongement général de la scolarité, ils ont peu à peu conquis la possibilité d'enseigner dans certaines filières des collèges d'enseignement général, puis dans les collèges d'enseignement secondaire au sein desquels ils ont constitué le noyau d'un corps nouveau : les PEGC[1], côtoyant des professeurs certifiés ou agrégés qui avaient, quant à eux, poursuivi des études universitaires complètes. Se sont donc rencontrés, dans les années soixante et surtout soixante-dix, au sein des mêmes établissements, des corps de professeurs qui différaient par le grade, par le salaire, par l'horaire, par le prestige et qui, cependant, étaient supposés dispenser devant les mêmes classes un même enseignement.

Cette situation irrégulière et malcommode nourrit d'innombrables frustrations, un sentiment d'injustice qui, s'il n'était pas réellement fondé, avait l'apparence de la légitimité,

1. Professeurs d'enseignement général des collèges.

d'incessants ressentiments et l'espoir d'une revanche auquel le premier gouvernement socialiste se hâta de répondre en intégrant progressivement le corps des PEGC dans celui des certifiés. La satisfaction fut grande : on se trouva enfin reconnu comme des enseignants du secondaire à part entière, avec le même horaire et le même traitement ; pourtant, il manquait encore quelque chose : l'assurance d'une égale dignité, d'une même légitimité que l'on s'en fut chercher là où on pouvait la trouver : du côté de la pédagogie, depuis longtemps devenue le cheval de Troie du militantisme enseignant, tout particulièrement de celui des instituteurs. Ceux-ci, les plus nombreux, les plus motivés et les mieux organisés grâce à leur puissant syndicat, le SNI, avaient trouvé dans la pédagogie le principe de légitimité qui les habilitait à enseigner au collège. Elle devint leur étendard, la théorie générale à laquelle ils soumirent non seulement l'enseignement des collèges mais celui des lycées (et grâce à laquelle ils voudraient aujourd'hui pénétrer l'Université).

A cette première révolution au sein du corps enseignant, il faut ajouter l'afflux, à la même période, de jeunes professeurs qui avaient fait soixante-huit, critiquaient la culture bourgeoise et se réclamaient d'une pédagogie antiautoritaire, qui les mettait en porte-à-faux vis-à-vis de leur métier en les conduisant à discréditer le savoir qu'ils devaient transmettre. Faut-il rappeler enfin que ce malaise a été puissamment secondé par une sociologie d'inspiration marxiste qui accréditait inlassablement la thèse d'une culture de classe, imposée par les « appareils idéologiques d'Etat », de sorte que beaucoup de professeurs, principalement dans les matières littéraires, enseignèrent à leur corps défendant des disciplines qu'ils rêvaient de soumettre aux logiques de la déconstruction et de la subversion, lesquelles figurèrent, plusieurs décennies durant, le fin du fin et le comble du chic. L'idée que l'on devait enseigner autre chose, autrement, gagna aussi les diverses inspections, d'autant plus aisément que disparaissaient ou démissionnaient les inspecteurs généraux les plus éminents de l'après-guerre, remplacés par des inspecteurs pédagogiques régionaux, plus nombreux, parfois de moindre envergure intellectuelle, partant plus sensibles aux effets de mode, plus dépendants de leur administration, et, par là aussi, des appareils syndicaux, à la philosophie desquels ils étaient d'ailleurs souvent tout acquis. Ce qui n'était d'abord qu'un esprit de contestation diffus, une sorte de discordance existentielle, se cristallisa ainsi peu à peu en une doctrine pédagogique d'inspiration plus ou moins libertaire qui, se combinant avec le pédagogisme de l'enseignement primaire, révolutionna les contenus, les méthodes et finit par tout emporter.

L'ÉCOLE NOUVELLE

Ce fut fait en rencontrant d'autant moins de résistance, que l'exigence d'une démocratie toujours plus démocratique semblait aller de soi. Elle s'inscrivait dans le droit fil de notre héritage politique, elle était à l'évidence la clé de l'égalité sociale, la condition à laquelle on pouvait enfin espérer transformer les droits formels en droits réels, l'expression la plus fondamentale de notre désir de justice, bref, le b.a.-ba de la nouvelle moralité politique. Peut-être est-ce pourquoi nul ne s'inquiéta des conditions particulières imposées par les syndicats à sa réalisation, nul ne se demanda s'il était sensé, comme le recommandait le plan Langevin-Wallon, d'instaurer un « tronc commun » jusqu'à quinze ans ou seize ans, soit une continuité du cursus scolaire qui ferait fi, autant que possible, des divers degrés de l'enseignement, sans s'aviser qu'il existe diverses sortes d'enfants, diverses formes d'esprit, d'intelligence et de talent, et même, qu'on me pardonne !, des esprits excessivement médiocres et bornés. Or, ces considérations de bon sens qui auraient dû inciter à la prudence et stimuler dans le même temps l'imagination des réformateurs, n'importaient pas vraiment car l'urgence n'était pas tant, comme l'affirmait la ritournelle des manifs, d'« assurer l'égalité des chances », que de promouvoir l'égalité des maîtres.

On se dépêcha donc, dans les années soixante-dix, et surtout dans les années quatre-vingt, de passer au rabot égalitaire un système qui s'inspirait, croyait-on, d'une ancienne société de caste, sans prendre garde aux élèves copeaux qui, voletant de-ci, de-là, s'en allèrent, toujours plus nombreux, peupler les contingents de l'enfance inadaptée. L'ancienne école élémentaire, où se transmettait le rudiment, disparut au bénéfice de l'école primaire, en même temps que l'enseignement de second degré, morcelé entre collège et lycée, fut privé de sa cohérence intellectuelle, tandis que la démocratisation de l'enseignement secondaire permettait de sanctionner par un baccalauréat bidon toutes les formations imaginables, de la « force de vente » à l'électrotechnique, aux métiers de la bijouterie, comme à ceux du bâtiment. Or, ce qui unifiait ces cursus disparates, ce qui en formait le dénominateur commun, ce fut, derechef, la très sainte pédagogie. Par elle, grâce à elle et en elle, un instituteur, un maître de lycée agricole et un professeur de khâgne devinrent enfin, tous également, des « enseignants ».

Les effets de ces bouleversements furent d'autant plus sensibles que les collèges avaient été décrochés des lycées, ce qui avait entraîné une première modification de l'esprit de l'enseignement secondaire. Exposons encore ceci à notre lecteur : un professeur qui fait cours durant la même année à des élèves de sixième et de première envisage, presque sans y penser, la formation des plus jeunes à la lumière de ses ambitions pour les plus âgés. Le programme de sixième n'est plus une fin en soi mais l'amorce d'un progrès intellectuel plus général qui n'est jamais tout à fait absent de l'esprit du maître, tout comme l'enseignement qu'il dispense trouve sa raison au-delà du moment présent, en un horizon plus large vers lequel les élèves peuvent à l'occasion jeter un coup d'œil. Mais ce mouvement naturellement ascendant, qui assurait tout particulièrement en France la qualité de l'enseignement secondaire, est devenu impossible sitôt que la continuité scolaire de la sixième à la terminale a été institutionnellement rompue. Les collèges décrochés des lycées se sont en quelque sorte affaissés sur eux-mêmes pour dériver vers toujours plus de pédagogie puisque tel était, en principe, le dénominateur commun des enseignants qui y travaillaient.

Cette dérive qui commença à discréditer les savoirs pour mieux les soumettre au prétendu « savoir enseigner », fut définitivement verrouillée par l'institution du collège unique de René Haby, dont chacun sait et dit aujourd'hui (à l'exception des syndicats et de leurs pédagogues appointés) qu'elle fut désastreuse. En chargeant les classes d'élèves supposés suivre des études qui n'avaient à leurs yeux ni sens ni intérêt, elle justifia un surcroît de pédagogie, ce qui jeta définitivement à bas la logique des disciplines et acheva de brouiller l'intelligence des enfants. Bien entendu, cet effet pervers de la pédagogie lui conféra, selon un schéma désormais connu, un surcroît de crédit : si tant d'élèves échouaient, c'était la preuve que l'école n'était pas encore assez pédagogique, que les contenus n'y avaient pas été encore assez démocratisés, ni les enseignants assez formés ou réformés. Et de fait, à côté de la troupe enthousiaste des joyeux pédagogues, l'on continuait à voir, de-ci, de-là, quelques sombres figures de réactionnaires récalcitrants, des professeurs-termites qui cherchaient leur subsistance dans la morne poussière des savoirs morts. Qu'en faire ? D'abord, les empêcher de nuire ! Et, pour cela, les intimider, leur rappeler sans cesse que leur premier devoir était, selon la formule consacrée, de « se remettre en cause ». Les soumettre, ensuite, aux pressions discrètes ou insistantes de leur inspection, de leur administration, voire de leurs collègues, puisque les professeurs sont désormais tenus de travailler en équipe. Et encore leur imposer des manuels ineptes et d'absurdes démarches. Ainsi la liberté pédagogique mais aussi la liberté de penser, qui était l'un des piliers de la vieille école, se trouvèrent-elles à leur tour rognées et bientôt à peu près anéanties.

IUFM

L'histoire que j'évoque ici à grands traits s'étend sur quelques dizaines d'années. On peut la faire débuter en 1959 avec l'institution des collèges d'enseignement général, ou reculer encore d'une petite quinzaine d'années, avec l'interdiction des devoirs écrits à la maison qui frappa les écoliers, il importe peu. Il suffira, pour comprendre le sens de cette évolution, d'en considérer le terme qui fut, en 1989, sous le ministère Jospin, la création des IUFM[1].

Les Instituts de formation des maîtres sont des établissements à ce point nocifs, ils appellent tant de critiques, justifient tant de reproches que l'esprit de justice exige tout d'abord de dire ce que l'on pourra retenir en leur faveur. Eh

1. Il existe un IUFM par académie. Les futurs instituteurs ou « professeurs des écoles » y sont admis à la suite d'un petit test supposé vérifier leurs connaissances en français et en maths. Ils y suivent une scolarité en deux ans. La première année qui prépare au concours de professeurs des écoles est consacrée à la « didactique » du français et des mathématiques, au survol de l'histoire de l'Antiquité à nos jours, à la géographie et à l'éducation physique, à quoi s'ajoutent diverses options. Le concours réussi, les étudiants, devenus « professeurs des écoles stagiaires » et rétribués comme tels, poursuivent leurs études de « didactique », rédigent un « mémoire professionnel » et effectuent des stages dans les écoles primaires ou, comme l'on dit bizarrement, « sur le terrain ».

bien, la première chose qui frappe le professeur du secondaire qui a fui en ces lieux la rudesse de sa condition est la douceur de son nouvel état. Au lieu du sinistre lycée de banlieue, souillé, tagué, déglingué, entouré d'une maigre pelouse jonchée de détritus (essentiellement des gobelets en plastique et des sachets de chips non biodégradables), il voit presque toujours un noble et sévère bâtiment dont la situation défère aux critères naguère requis par les jésuites qui cherchaient des lieux salubres pour y établir leurs maisons. Les IUFM, dont beaucoup portent encore sur leur fronton l'inscription « Ecole normale d'instituteurs », sont donc le plus souvent agréablement situés, à l'écart des centres-villes toujours corrupteurs, mais aussi à l'abri des vilaines banlieues. Ils disposent de beaux jardins, agréablement fleuris. Le mien, par exemple, bâti sur une éminence, est entouré de grands arbres nobles et bien taillés, de bancelles plantées d'oliviers dont le feuillage argenté forme au printemps le plus délicieux des contrastes avec la fraîcheur du gazon émaillé de tendres fleurettes. On y trouve de magnifiques, de surabondants rosiers, un bassin où sommeillent quelques poissons et dont les eaux croupissantes reflètent l'élan mélancolique de grands cyprès, enfin la maison de M. le chef de centre, qui n'est pas le moindre ornement de ces lieux et mérite, à elle seule, une petite description.

Que mon lecteur se figure l'une de ces villas construites à la fin du XIXe siècle pour la délectation des riches et des puissants. On ne saurait vraiment la qualifier de noble ni lui attribuer une authentique beauté parce qu'elle est trop massive et toute tarabiscotée. L'éblouissante blancheur de ses murs est certes adornée de stucs vaporeux mais de lourds balcons la privent de grâce. En revanche (comme diraient mes collègues de lettres !), la magnifique toiture offre au regard l'éclat de ses tuiles vernissées, de sorte que celui qui franchit le portail d'entrée, chemine le long de la grande allée bordée d'arbres, convoite dans les premiers jours de septembre les fruits mûrs aux branches du figuier, se laisse charmer par les trilles mélodieux des oiseaux, celui-là se croit revenu en paradis, à l'aube de la modernité, à l'époque bénie où ni la laideur, ni la crasse, ni la brutalité, sous les innombrables formes sous lesquelles elles triomphent aujourd'hui, ne s'étaient encore emparées du monde.

Ajoutons encore ceci : les bonnes dispositions du professeur qui découvre ces lieux enchanteurs ne sont pas écornées par les premières impressions qu'il reçoit au-dedans. Les étudiants admis dans les IUFM sont encore, dans leur majorité, polis. Ils entrent dans leur salle sans beaucoup de bruit, vous disent « bon-jour-eu », ne crachent pas, ne vous insultent pas, ne jouent pas durant vos cours avec leurs cutters (peut-être même n'en possèdent-ils pas), non plus qu'ils ne vous empêchent de parler. S'ils mâchent du chewing-gum, ils acceptent généralement de le jeter à la poubelle ; du moins n'en ai-je encore jamais entendu aucun m'expliquer qu'il n'avait pas eu le temps de se brosser les dents le matin. Autre raison hygiénique de se réjouir : c'est propre ! Les salles de classe sont claires du haut jusques en bas. Rien ne pend du plafond, les sols sont briqués, sans préservatifs, kleenex, ni petits papiers. Certes, on voit souvent les tables dérangées pour déférer aux besoins des regroupements pédagogiques mais ce n'est pas pis qu'au lycée et je n'ai jamais trouvé non plus dans les toilettes que tous fréquentent, sans distinction de statut, de tampons hygiéniques usagés et racornis négligemment poussés de côté. Au contraire, tout est nickel, tout brille ! L'administration est, elle aussi, différente : aimable, joviale, conviviale, alors que les hiérarchies des collèges et lycées sont en général indifférentes, sans manières, rogommes. Les règles de la bienséance et du savoir-vivre propres au monde de l'enseignement primaire sont encore là dans toute leur fraîcheur. Chacun, de la femme de service au chef de centre, appelle chacun par son prénom. Chacun fait à chacun, chaque jour, le bisou. Personne ne songerait à se prévaloir (à Dieu ne plaise !) d'aucune supériorité de compétence ou de savoir car le premier soin est de ne point éveiller de susceptibilités, surtout celle qui pourrait naître d'une comparaison déplacée entre les grades. On ne connaît donc ni agrégés, ni certifiés, ni instituteurs, ni inspecteurs mais la classe universelle des formateurs qui tous sont, leur seule présence à l'IUFM l'atteste, également compétents.

Le lecteur se doute-t-il que je décris là des apparences ? Quelques jours, quelques semaines au plus, suffisent pour comprendre que derrière cette affabilité bisouteuse, cette égalité inlassablement proclamée, se livrent des luttes d'autant plus âpres que les IUFM vivent à la limite de la légalité administrative. Peut-être sait-on que dans les collèges, les lycées, à l'université, tout poste vacant est, en principe, déclaré au « mouvement » de façon à permettre une concurrence formellement équitable entre ceux qui souhaiteraient s'y faire nommer. Rien de tel à l'IUFM ! Bien sûr, les postes de maîtres de conférence sont plus ou moins pourvus selon les procédures régulières. Mais il existe d'innombrables astuces : demi-postes, groupement d'heures, charges d'enseignement à géométrie variable, qui permettent de nommer au titre de formateur à peu près n'importe qui. Dès lors, un instituteur, un inspecteur de l'enseignement primaire (rebaptisé inspecteur de l'Education nationale), mais aussi bien un adjoint d'enseignement de lycée, pourvu qu'ils disposent des protections adéquates, ou encore un professeur d'éducation physique (les sportifs sont la coqueluche et l'avant-garde des IUFM) deviennent formateurs et même, ce qui est encore plus fort, « formateurs de formateurs » et enseignent à des étudiants licenciés. Comment s'y sont-ils pris ? Il y a diverses manières : le tout-puissant piston en premier lieu, le copinage, en particulier le copinage syndical, mais aussi le pur et simple culot. Ainsi un tel, anciennement photographe de son état, devient-il formateur en arts visuels ; tel autre, autoproclamé psychanalyste, mais surtout adjoint d'enseignement qui réussit à grand-peine à se faire titulariser comme professeur certifié dans sa discipline, enseigne durant plusieurs années au sein du département de Philosophie et sciences de l'éducation, telle autre, qui prépare le concours d'inspectrice de l'Education nationale, fait dans le même département un petit séjour d'un an, le temps de décrocher son poste. On conçoit aisément que toutes ces personnes au statut avantageux mais bancal nourrissent un seul désir : devenir « formateurs » à temps plein et, si possible, s'incruster là le temps nécessaire pour trouver un emploi encore plus juteux.

De ces irrégularités résulte un corps en apparence très divers mais au fond très homogène, soudé par une même allégeance idéologique qui s'est substituée à la compétence intellectuelle et dissimule une ignorance crasse sous de ronflants discours. Qu'on ne se méprenne pas ! Je n'ai garde d'affirmer que ceux qui enseignent dans les IUFM soient tous dépourvus de titres et incompétents. Non ! Chaque département compte un ou deux professeurs qui auraient été parfaitement à leur place dans un bon lycée d'avant, ou même dans un premier cycle d'Université. En outre chacun, pourvu qu'il ait été régulièrement nommé et se montre résolu, parvient à conserver sa liberté de parole et de pensée. Mais il ne peut en aller de même pour tant d'autres formateurs, irrégulièrement cooptés, partant soumis à la pression de l'administration, des collègues et, pour finir, des étudiants.

De plus, ce qui est vrai, sauf exception, des formateurs l'est encore bien davantage du personnel de direction. Le choix du directeur, par exemple, forme une étrange exception aux règles générales de la gestion administrative du personnel. Il n'est pas nommé à l'issue d'un concours (comme c'est le cas pour les principaux de collège et les proviseurs de lycée), mais choisi par le conseil d'administration de l'établissement où siègent les représentants (syndiqués) des enseignants, mais aussi des étudiants et du personnel de service. On nous objectera que telles sont aussi les règles du fonctionnement universitaire. Mais les présidents d'université se recommandent d'abord de leurs travaux et de leur valeur scientifique. Sans doute, les directeurs d'IUFM ont soutenu une thèse, ils ont parfois aussi enseigné dans le supérieur, mais le conseil d'administration qui propose leur candidature retient surtout leur engagement au service de la cause pédagogique et leur appartenance à d'innombrables commissions syndicalo-ministérielles. C'est encore plus vrai des chefs de centre[1] qui n'ont, eux, nul besoin d'être docteurs, agrégés ou certifiés, quoiqu'ils notent des personnes titulaires de ces divers grades. Il leur suffit d'avoir, quelques années durant, parfois très peu, enseigné comme instituteurs pour n'être pas rejetés et faire pleinement valoir les titres autrement plus sérieux qu'ils ont acquis dans une carrière parallèle : comme membres de diverses associations ou instances périscolaires, responsables d'innombrables groupes de

1. On nomme ainsi la personne qui dirige l'un des « sites » dont l'ensemble compose l'IUFM. Le directeur, quant à lui, a autorité sur le tout.

pilotage de ceci-cela, permanents syndicaux, en un mot, militants dans le vaste archipel de la pédagogie.

Il leur faut, bien sûr, être aussi capables de rédiger une note de service dans l'élégant jargon de rigueur, savoir présider des réunions dont l'objet est de promouvoir « l'interdisciplinarité », « la transversalité », « les équipes pluridisciplinaires », « l'engagement de terrain », « le décloisonnement des activités à finalité didactique », la constitution de groupes de recherche, de sous-commissions d'évaluation, de commissions paritaires académiques, savoir papillonner gracieusement dans les sombres couloirs du ministère ou faire explorer les poubelles de la salle des professeurs à la recherche de matériel compromettant, toujours utile pour faire pression sur un collègue égaré. Ils doivent de plus être sans cesse à l'écoute de « nos exigeants usagers » (les étudiants), promouvoir la « pédagogie interactive », piloter les « projets de mise en réseaux des nouveaux matériels informatique à l'usage des élèves en situation de handicap », faire vérifier ce que les enseignants, leurs collègues, laissent parfois malencontreusement traîner sur leurs tables. Est-ce là tout ? Non ! On ne saurait omettre la mention d'autres talents nécessaires au chef : la ténacité manœuvrière pour se gagner les bonnes grâces du directeur, éliminer les concurrents et se hisser à son poste envié qui lui interdit aussitôt la moindre fantaisie, le moindre humour, la moindre « discordance cognitive » à l'égard d'une *doxa* (on disait naguère une « ligne ») pour laquelle il doit faire preuve d'un enthousiasme inconditionnel, d'une conviction sans faille. Enfin, comme il vient d'apparaître, le chef de centre se signale à l'occasion par un complet manque de scrupules dans ses rapports avec ses subordonnés, qui doit pouvoir aller jusqu'à l'intimidation, au mensonge, aussi loin que les règles administratives en usage permettent de porter l'action pour le bien de la Cause pédagogique.

Voilà pour le portrait moral ! Quant aux qualités intellectuelles, le chef se caractérise, le plus souvent, je suis au regret de le dire, par une ignorance crasse et une sottise épaisse. Non que tous les chefs soient sots par nature, mais ils le deviennent par fonction. Nous mettons d'ailleurs au défi quiconque est tenu de débiter des niaiseries, d'en écrire et d'en lire douze heures par jour (car le chef travaille forcément beaucoup) de parvenir à conserver cet esprit sain qui se développe et se fortifie au contact des réalités. Cette bêtise vraiment obtuse, qui procède tout entière de l'allégeance à la Cause pédagogique, n'est d'ailleurs pas l'apanage du chef, elle se répand alentour et sert de maxime aux propos de ses subordonnés. Je dois donc tenter d'en préciser les raisons.

L'idiotie pédagogique

La première tient à la nécessité d'adhérer à un discours vide. Certes, les pédagogues, à moins d'être naturellement sots, sont cyniques. Ce qui les tient, nous venons de le dire, est le goût du pouvoir, de l'intrigue, l'ambition : lire leur signature dans leurs revues, connaître Machin qui leur permettra de participer à un projet qui les rapprochera du directeur des programmes, de l'Inspection, du ministre peut-être, bien que tout ministre soit par principe suspect. Il n'est que de voir la mine gourmande et l'embarras feint qui accompagnent ces paroles murmurées : « Lundi dernier, j'étais à Paris ! » Il y a aussi l'attrait de certains bénéfices, les missions, fort prisées lorsqu'elles conduisent au Canada où, malgré les rigueurs du climat, la pédagogie fleurit à son meilleur, mieux encore dans les DOM-TOM. Rien ne vaut, par exemple, un beau petit projet de rénovation pédagogique qui exigera impérieusement votre présence aux Antilles, en Nouvelle-Calédonie, à la Réunion. Mais comme les temps sont difficiles et que les crédits manquent, le kilométrage autorisé se raccourcit. C'est tout juste si l'on peut encore animer des stages de quelques jours en Corse, ou bien mener ses étudiants faire de l'escalade ou du canyoning.

Mais ces menus plaisirs eux-mêmes sont acquis chèrement car il faut feindre, et feindre encore avec conviction, partant, se convaincre soi-même, « mettre du sens » là d'où tout sens a fui. Cet effort seul suffit à paralyser l'intelligence. Mais l'engourdissement de l'esprit est la condition sans laquelle nul ne saurait être crédible, ni produire de nouveaux discours, ou plutôt poursuivre interminablement le même. C'est pourquoi l'idiotie ne se peut maintenir qu'au prix d'une intolérance toujours aux aguets. Tout propos différent doit être censuré car il menace aussitôt la forteresse idéologique, les remparts de la pédagogie. Nous n'avons d'ailleurs pas à l'esprit un discours foncièrement critique ou réellement savant. De simples constats : la baisse du niveau scolaire, dûment et continûment attestée par tout un chacun et par vingt-cinq ans de rapports, l'ignorance générale de l'orthographe, l'effondrement de la discipline, l'irrésistible développement de la délinquance sont autant de voies d'eau qui pourraient submerger tout l'édifice et qu'il faut sans cesse colmater. Il n'est donc pas permis au Chef de laisser apparaître la plus petite parcelle de réalité, c'est pourquoi son mérite est proportionnel à ses aptitudes à enfumer tout un chacun.

Mais sitôt que nos pédagogues ont réussi à triompher de la pénible réalité, leur suffisance ne connaît plus de bornes et c'est avec un plaisir intempérant qu'ils s'ébrouent dans la fiction. Le mépris de la vérité, l'habitude de la manipuler à leur guise, de la farder avec des discours fallacieux que personne, dans la petite planète pédagogique, ne conteste jamais, entraînent, avec un sentiment de complète impunité, une extraordinaire outrecuidance qui s'étend généralement du haut en bas de la hiérarchie, du directeur aux chefs de centre, de ceux-ci aux formateurs et, malheureusement, trop souvent aux instituteurs. Les malheureux ont tant et si souvent pris l'habitude d'entendre débiter avec un accent d'autorité d'invraisemblables fadaises, des absurdités que toute leur expérience quotidienne dément, leur intelligence a été si longtemps asservie à l'inepte vulgate de gauche, leur instruction à ce point négligée par leurs formateurs, eux-mêmes souvent à demi incultes, que beaucoup d'entre eux (pas tous !) sont devenus inertes, imperméables à la réalité de leur métier dans lequel ils n'engagent plus leur dignité ou leur responsabilité personnelle, se contentant d'appliquer mollement dans leurs classes les recettes dont l'IUFM les a instruits.

Je ne voudrais surtout pas que l'on pût me supposer la moindre condescendance à l'égard des instituteurs. Leur tâche consiste à initier les enfants aux premiers rudiments du savoir, à développer leurs facultés et, par-dessus tout, à les introduire à la vie de l'esprit. Comme tout ce qui touche aux premiers commencements, cette tâche est humble, et cette humilité rehausse sa grandeur. Avoir eu dans son enfance un, fût-ce un seul, excellent instituteur est une chance pour la vie tout entière. On voit bien que Camus a été impressionné par son cher M. Germain plus que par aucun de ses professeurs de lycée. N'est-il pas scandaleux alors de faire briller aux yeux de ces maîtres l'illusion de savoirs faux ? De les encourager à mépriser les connaissances solides dont on les prive depuis tant d'années et que les pédagogues accusent d'être scolaires, comme si le savoir, naguère honneur des maîtres, était devenu quelque chose de sale et d'infamant. De les inciter à délaisser leurs classes pour aller perdre leur temps, trois semaines par-ci, cinq semaines par-là, dans des formations-bidon organisées par les IUFM où quelque « formateur de formateurs » traitera de la « gestion de l'outil informatique », de l'« album comme aide à la lectorisation », de l'« usage pédagogique de l'affiche », du « français transversal », du « corps et de la voix » ou de la sempiternelle « pédagogie de projet ». Ces stages, qui sont, le plus souvent, d'une désolante sottise et d'une platitude décourageante, attirent pourtant bien des maîtres dont ils viennent à peu de frais meubler l'emploi du temps. En même temps, ils les réduisent à une sorte d'assistanat intellectuel en leur laissant supposer que leurs formateurs détiennent les clés d'une capacité pédagogique ultime qui leur ferait défaut. Ainsi n'osent-ils plus se fier à leur expérience ni à leur jugement et les choses les plus certaines, les plus évidentes, leur paraissent bientôt médiocres, voire indignes, s'ils ne parviennent à les parer et à les embellir de jargon.

STAGES

Le lecteur demeure incrédule. Sans doute a-t-il aussi fait l'expérience de stages et de formations qui lui ont apporté, comme on aime à dire aujourd'hui, « un plus ». Il est aussi certainement acquis à l'idée moderne que l'on doit se former tout au long de sa vie de travail. Certaines formations dispensées par les IUFM sont moins intéressantes que d'autres ? La belle affaire ! Chacun n'a qu'à choisir ! Ces objections valent peut-être lorsqu'il s'agit, dans l'exercice d'un métier, de s'initier à des savoirs nouveaux, au développement des compétences professionnelles, bref, de se mettre à jour. De plus, les entreprises ont naturellement le souci de l'efficacité, puisqu'elles paient les formations de leurs employés. Mais personne, sauf le contribuable ne paie pour les stages de l'Education nationale, personne au vrai ne se soucie non plus de leur efficacité ou de leur intérêt. L'essentiel est qu'ils puissent compter pour tant d'heures dans l'emploi du temps des formateurs et les débarrasser d'autres tâches plus laborieuses, plus ennuyeuses, moins « festives ».

Je ne puis mieux faire à ce point, pour illustrer l'importance et le style de beaucoup de ces formations, que de rapporter une anecdote personnelle. Comme tant de professeurs de ma génération, j'ai commencé à enseigner dans un lycée du Pas-de-Calais, entre terrils et corons. J'eus besoin d'un an (et d'exceptionnels secours) pour comprendre que ma tâche n'était pas de semer les ferments de la révolution mondiale dans mes classes, d'une deuxième année pour commencer d'apprendre mon métier, d'une troisième pour m'y sentir à l'aise. Eussé-je suivi cette voie, je serais peut-être devenue ce que les inspecteurs nomment un excellent professeur. Mais je me sentais isolée, éloignée de mes parents, de mes amis, je n'aimais pas voir, par la fenêtre de mon HLM, fumer les noires cheminées d'usine, bref, j'aspirais à autre chose, et voici ce que le démon me souffla. « Consulte, me dit-il, le *Bulletin officiel de l'Education nationale*, tu trouveras comment te rapprocher de Paris ! » J'obéis et dénichai une formation d'une année entière qui devait me permettre d'enseigner le français à des « élèves en difficulté ». Aussitôt, je vendis sans vergogne la philosophie et fis accepter ma candidature pour un stage (à plein traitement) au centre de Beaumont-sur-Oise, lequel, avec son homologue de Suresnes, formait tous les personnels : instituteurs, inspecteurs, pédagogues, psychologues, éducateurs et rééducateurs, employés dans le vaste archipel de l'enfance handicapée. Je n'y appris rien mais je m'y amusai beaucoup. J'eus de nouveaux copains – l'une devint députée (socialiste) en 1981 –, j'assistai à quelques cours inutilement compliqués sur Piaget, le gourou de la pédagogie moderne, je retrouvais tous les lundis matin mes nouveaux collègues pour « analyser », sous la supervision d'une formatrice, « mon vécu professionnel » et devenir ainsi une « praticienne réflexive de la pédagogie », puis, en « dynamique de groupe », je sautais dans leurs bras.

Le lecteur doit se représenter les choses ainsi : nous autres stagiaires, douze jeunes professeurs munis d'un Capes, au lieu d'enseigner devant nos classes, formions debout sur d'épais tapis une sorte de haie d'honneur, face à face et nous tenant fermement les mains, tandis que le treizième des nôtres, grimpé sur une table, s'élançait dans le vide avant de choir, soutenu *in extremis* par nos bras entrecroisés. Chacun avait ainsi, à tour de rôle, l'occasion de vaincre ses peurs et d'éprouver la chaude sollicitude du groupe qui ne laissait jamais tomber l'un des siens. Cette matinée de formation écoulée, je déjeunais (avec apparat) dans la salle à manger du petit manoir qui nous abritait et, le café servi, j'allais profiter du beau parc, et, bien sûr, comme je n'avais plus de copies à corriger, il me restait assez de loisir pour lire sérieusement les auteurs qui étaient au programme de l'agrégation.

Cette idylle fut pourtant troublée lorsque je m'inscrivis à un stage de « relaxation relationnelle », animé par un joli cœur, militant du PCF. Les débuts furent là encore prometteurs : nous nous retrouvions (toujours sur des tapis) avec la consigne de nous mettre mutuellement en confiance et de « nous communiquer notre ressenti ». Mais notre mentor nous avait expliqué que la relaxation recherchée exigeait plus que des mots : des frôlements, des attouchements, des baisers en même temps que des gestes agressifs, pincements ou simulacres de coups. Je m'avisai bientôt que notre gourou, quant à lui, se tenait à distance pour mieux observer nos ébats. Je m'approchai donc pour le houspiller un peu, manière de l'intégrer à notre groupe, et me retrouvai littéralement clouée au sol, maintenue par des bras vigoureux, fixée par un regard d'où toute aménité avait disparu. Je me débattis, me relevai, quittai la place et n'y revins plus. Quelque temps plus tard, j'appris que notre mentor organisait dans sa maison de campagne des parties fines auxquelles il conviait les plus jolies de ses stagiaires. L'une de mes collègues, tombée dans ce traquenard, ne cessait de me dire combien, lors d'un week-end où elle avait cru être la seule invitée, elle s'était sentie jalouse des autres copines de X (sans parler de sa femme), et combien ce sentiment petit-bourgeois, stigmatisé par son amphitryon, lui causait de souffrance et de honte.

On m'objectera avec quelque raison que cet exemple est extrême. Tous les formateurs ne sont pas des pervers et peu de professeurs peuvent espérer une année entière de stage meublé d'amusettes. Cependant nombreux sont ceux qui, issus de ces stages, deviennent eux-mêmes, au bout de quelques années, formateurs de formateurs et vont ainsi peupler la planète pédagogique qui s'étoffe au détriment de l'enseignement. Plus nombreux encore ceux qui s'inscrivent aux innombrables stages désormais organisés par les IUFM. Doit-on critiquer ceux qui s'imaginent trouver ainsi quelque soulagement à leur peine ? Ou bien excuser un instituteur qui officie dans un quartier difficile, est chaque jour en butte à l'indiscipline de ses élèves, à leur insolence, à leur brutalité, les entend « se traiter » pendant la classe, les voit se dérouiller à la récré, et bien souvent n'a pas été lui-même assez instruit pour être sûr de ce qu'il doit leur enseigner ? Quoi de plus reposant, quoi de plus doux alors pour le malheureux qu'un petit stage de trois semaines à l'IUFM sur le thème : « Comment gérer les phénomènes de violence au sein du groupe ? ».

D'abord notre collègue, après avoir laissé sa classe difficile aux bons soins d'un jeune stagiaire inexpérimenté, rencontrera ses anciens copains de promotion avec lesquels, à la cafétéria, aux interclasses, en buvant son café, il aura tout loisir de se plaindre et d'être plaint, de compatir aux malheurs d'autrui et de faire entendre les siens ; puis il se retrouvera quelque temps dans la situation de l'« apprenant » qui, bien peinard, écoute passivement le formateur et peut tranquillement, rêvant à ses affaires, le voir s'adonner à l'« analyse réflexive des pratiques ». Il mettra, comme on le lui demande, « son vécu à distance » et croira quelques jours durant que la psychologie, la sociologie ou, peut-être, les sciences cognitives sont autant de sésames qui lui permettront, sait-on jamais ? de mieux « gérer » son « groupe-classe », son temps, son espace, son tableau noir ou du moins son « stress », de devenir plus cool ou plus zen. Pour peu qu'il suive un stage transdisciplinaire consacré au « corps dans la classe », il se verra également initié à « cette ouverture à la fois réflexive et sensible, à cette intercorporéité dont on a vu combien elle pouvait être porteuse de communication, comme aussi bien obstacle à celle-ci » ; il deviendra dès lors « plus réceptif aux réactions corporelles de ses élèves. Sensibilité à son propre corps, à ses besoins et ses malaises, à ses résistances et ses répugnances, ce qui peut permettre de percevoir ces mêmes affects chez l'autre ». Ainsi, distrait, amusé, il pourra satisfaire à deux puissants penchants de l'âme humaine : le mépris pour ce qui est proche, le formateur, et l'enthousiasme abstrait pour ce qui est lointain, la pédagogie.

Mainmise

Le tort ainsi causé aux maîtres du primaire, que l'on détourne de l'exercice sérieux de leur métier et que l'on berne de billevesées, s'est d'ailleurs étendu à l'enseignement tout entier puisque les IUFM assurent aussi la formation pédagogique et disciplinaire des jeunes professeurs agrégés et certifiés. Le lecteur ignore sans doute que les épreuves des concours d'enseignement se bornèrent longtemps à vérifier la culture des candidats dans leur discipline. A l'heureuse enseigne d'avant, lorsque les IUFM n'existaient pas encore, chaque promotion de nouveaux certifiés s'initiait à la pratique de son métier en passant une année de stage sous la tutelle de professeurs chevronnés qui leur permettaient de faire classe et leur donnaient à corriger quelques lots de copies. Chacun, tour à tour enseignant, écoutant les leçons de ses camarades et les conseils de son tuteur, se dégrossissait et acquérait une première expérience du métier. Après un an de ce régime, il recevait un poste de titulaire et se consacrait à la préparation de ses cours d'autant mieux que, dans les bourgades lointaines où le ministère l'envoyait judicieusement servir la République : Billy-Montigny, Noyelle-Godault, Carvin, Lens, Hénin-Beaumont ou Nœud-les-Mines, les soirées étaient longues et les distractions rares ; deux ans plus tard, notre collègue maîtrisait déjà correctement sa matière, préparait sans difficulté ses élèves au baccalauréat et jouissait au surplus de loisirs suffisants pour lire, compléter sa formation générale, continuer à s'instruire, préparer l'agrégation ou bien entreprendre une thèse, ce qui dans tous les cas améliorait grandement la qualité de ses leçons et simplifiait leur préparation. Le travail pédagogique, dont je ne songe pas un instant à nier la nécessité, se faisait dans la foulée et de surcroît. Le professeur constatait sur le terrain si sa préparation marchait (ce qu'aucune sophisticaillerie didactique ne permet jamais de prévoir), il était suffisamment cultivé pour affiner sa démarche, s'adapter à ses élèves et rattraper, si nécessaire, un cours défaillant. Bref, comme disait Alain, les professeurs enseignaient et les élèves étudiaient, chacun selon son zèle et ses talents.

Qu'en est-il aujourd'hui ? En premier lieu, lors de l'oral du Capes, le candidat est soumis à une épreuve dite « pédagogique », alors même qu'il n'a encore jamais enseigné. Cet examen à contretemps ne lui sert de rien mais il permet aux formateurs des IUFM, en mettant la main sur la formation pédagogique des jeunes certifiés stagiaires, de donner des cours à la fac ; il permet surtout à la mafia pédagogique de persuader les futurs professeurs de lycée de ce dont tant d'instituteurs sont déjà convaincus : les « contenus » (c'est-à-dire les connaissances) sont, à tout prendre, peu de chose au regard de la pédagogie, qui est la raison suprême de l'enseignement. Cette doctrine est également imposée aux jeunes agrégés, astreints, tout comme leurs camarades certifiés, à rédiger un mémoire professionnel conforme à la doctrine. A ces obligations s'ajoute celle, fort pesante, d'assister à d'ennuyeuses séances de « formation transversale » animées par les personnels des IUFM qui ont déserté depuis des lustres collèges et lycées, si tant est qu'ils y aient jamais enseigné. Les stagiaires sont ainsi administrativement contraints de participer à des groupes d'« analyse de pratique » durant lesquels on les invite à revenir collectivement sur leur « vécu », à mettre au jour leur « ressenti » et dont le but véritable est de traquer ce qui peut demeurer en eux de scrupule intellectuel, de liberté d'esprit, d'attachement au savoir, toutes choses éminemment contraires, je ne me lasse pas de le répéter, à l'esprit de la pédagogie. Ces groupes transversaux qui associent des jeunes professeurs de diverses disciplines sont pilotés par deux formateurs IUFM dont la tâche est de « faire émerger les représentations » relatives au métier d'enseignant aux fins, on s'en doute, d'en vérifier l'orthodoxie. Lesdits formateurs tirent ainsi parti des difficultés que rencontrent les stagiaires, naturellement déstabilisés par des classes indisciplinées, des élèves souvent difficiles, un niveau scolaire effondré, pour les culpabiliser doucement, les persuader de revoir (à la baisse) leurs exigences, de pratiquer une « pédagogie interactive », d'organiser des débats pour « gérer les phénomènes de violence », aggravés à l'évidence par les abus d'autorité dont ils se rendent coupables, sans compter leurs « critères d'évaluation » inadéquats.

J'ai moi-même, une année durant, coanimé un groupe de ce genre avec un collègue de lycée professionnel qui voyait dans la pratique collective du canyoning le remède à tous les maux dont se plaignaient nos stagiaires. Il était puissamment secondé par une bécasse d'éducation physique qui instruisait avec passion le procès des « savoirs morts ». Devant l'apathie de notre groupe, elle finit par s'exclamer qu'« elle avait l'impression de ne dire que des idioties ». « C'est bien ça, mademoiselle ! » lui répondit un professeur déjà chenu qui revenait, l'esprit dispos, d'un long séjour à l'étranger. Cet acte de courage d'un collègue qui en avait vu beaucoup et ne craignait plus grand-chose fut unique. Les autres stagiaires, dépourvus d'expérience, embarrassés par leur premier contact avec leurs classes, intimidés par les pressions dont ils étaient l'objet, faisaient le dos rond. Ils ne pouvaient sécher ces séances sans compromettre leur habilitation, ni s'opposer trop ouvertement à leurs formateurs dont ils ignoraient les attributions exactes et les pouvoirs. Ajoutons que le pilotage de ces groupes était préparé lors de réunions de concertation et de bilan où la furia pédagogique se donnait cours si puissamment qu'à la fin de l'année je demandai à être déchargée de ces tâches qui, certes, n'exigeaient aucune préparation et comptaient pour vingt heures dans mon emploi du temps mais avaient fini par m'insupporter.

Dans tous les IUFM, quels que soient les formateurs, l'endoctrinement, la soumission à la néomoralité opposent inlassablement le moderne à l'ancien. Ainsi, la vieille école est décrite dès les premiers jours de la rentrée sous les plus sombres couleurs. On lui oppose l'école moderne, celle des pédagogues qui est, elle, démocratique, bonne, ouverte, compréhensive, digne de tous les éloges. Cette dichotomie s'étend d'ailleurs à tout ce dont on entretient les étudiants : l'apprentissage de la lecture, la présentation des quatre opérations, l'organisation de la classe, les arts plastiques, tous ces items se répartissent en deux colonnes : *good versus bad.* J'adopte moi aussi cette singulière démarche et après avoir exposé divers points du programme, ou bien expliqué divers textes selon mon goût, après en avoir discuté à loisir, je me sens tenue de rappeler à mes jeunes gens que « ça, vous ne le dites pas le jour du concours ». Je dois d'ailleurs avoir eu si souvent recours à cette ruse qu'une étudiante spirituelle m'a signalé qu'elle ne savait toujours pas, à la fin de l'année, ce qu'elle devrait dire le jour venu.

Ce conditionnement a désorienté intellectuellement les étudiants au point qu'il est devenu possible de leur faire lire, dire et justifier absolument n'importe quoi. Je trouve, par exemple, dans un texte proposé à l'épreuve orale d'entretien à laquelle je prépare, la remarque déconstructive suivante : « Selon que le Moyen Age a commencé un 31 décembre et s'est terminé un 1er janvier ou, au contraire, qu'il a commencé un 1er janvier et s'est terminé un 31 décembre, vous avez trois réponses possibles pour la durée du Moyen Age. » Vais-je à mon tour, comme m'en pressent mes collègues, proposer ce « support didactique » à mes étudiants ? Je me frotte les yeux et lis plus loin : « Pour que *le* sens existe en tant que tel et soit susceptible d'*une* unique, précise et rigoureuse définition, il faut le fabriquer soi-même et l'imposer par décret. » Ces deux remarques rapportées au titre du texte : « Cohérence du non-sens, cohérence du sens », signifient : primo que tout sens unique procède d'un acte d'autorité qui signe, bien sûr, un abus de pouvoir. Deuzio que le non-sens est le seul vrai sens du sens, son au-delà fécond, sa vérité ultime. Qu'on se trouve donc, tertio, devant cette structure en abyme, qui semble exercer sur mes collègues une irrésistible fascination. Considérons-les tandis qu'ils se penchent sur les profondeurs béantes de leur cuistrerie ! Que voient-ils donc ? Ceci, que Sens et Non-Sens mènent une sarabande infernale, s'étreignent et luttent, suscitant leurs cris de joie et leurs trépignements enthousiastes. « Alors, c'est bien vrai : tout ce qui n'est pas sens est non-sens, et tout ce qui n'est pas non-sens est sens ! » A moins que ce ne soit le contraire ? Ah, Bonheur ! Profondeur ! Subtilitude ! Mais voici que tombe la conclusion : tout sens est arbitraire, relatif et violent ; à preuve, un jour de plus ou de moins et le Moyen Age change du tout au tout : d'abord comme ceci, puis comme cela et encore (vive la dialectique !) autrement. Bien sûr le pédagogue s'attend aussi que l'étudiant puisse expliquer que « Moyen Age » vaut ici comme une métonymie pour désigner l'histoire tout entière, laquelle, à son tour, menace de glisser à l'abîme, à moins qu'on ne la délivre du fardeau de la chronologie, et d'ailleurs du fardeau du passé, puisque au bout du compte chacun le sait : l'histoire, « ça sert d'abord à comprendre le présent ».

Novlangue

L'indifférence aux significations précises, les libertés prises avec la langue, l'intempérante créativité des pédagogues qui aiment à inventer puis à empiler toutes sortes de néologismes frappent n'importe quel profane. Chacun sait d'ailleurs que le jargon est le premier attribut de la pédagogie et chacun moque avec raison ce risible baratin sans voir qu'il est un véritable argot, un langage d'initiés destiné à intimider ceux qui ne le parlent pas (entre autres les parents) et surtout qu'il forme un écran derrière lequel se dissimule la liquidation délibérée du savoir. Ainsi la corruption de l'enseignement et l'usage du jargon forment-ils cercle. Tous ceux, et ils sont nombreux, qui sont parvenus à se faufiler dans les IUFM jargonnent pour asseoir leur autorité, à l'exemple de leurs modèles, les doctes qui jargonnent, quant à eux, pour justifier leur statut et dissimuler un savoir trop court. Ainsi se répand au sein de ces établissements et, par capillarité tout alentour, une imposture intellectuelle généralisée qui est non seulement ridicule, mais nocive parce qu'elle discrédite le bon sens, autorise n'importe quelle manipulation de la part des formateurs et se consolide en fournissant son vocabulaire et sa rhétorique à la nouvelle doctrine qui empoisonne notre système d'enseignement.

Mais on se tromperait en réduisant cette novlangue à un simple moyen d'intimidation. Comme on voit les petits enfants renchérir à qui dira le mot le plus dégoûtant, la plus énorme sottise, à qui fera le plus gros pet, à qui rotera le plus fort, ainsi nos pédagogues aiment à proférer des énormités. La jouissance à dire des gros mots n'est pas très délicate, mais elle existe. Elle n'est pas, du reste, le fait des seuls pédagogues ; il suffit d'écouter le discours de nos contemporains, les émissions populaires, mais aussi bien les délicatesses de nos bobos pour se convaincre que nous nous ébrouons dans un cloaque. De même, le discours de nos flatulents pédagogues doit être compris comme une régression psycholinguistique doublée d'une agression sadique contre les règles de la langue et de l'esprit. Le petit monde de la pédagogie pratique ainsi une authentique haine du discours et de la pensée. Il jouit de dégrader le français littéraire, de disqualifier la langue soutenue qui n'est à ses yeux qu'un « registre de langage » parmi d'autres, mais le plus ridicule, le plus affecté, le plus abominable de tous, parce qu'il témoigne de la persistance d'élites dont il serait l'apanage et qui l'utiliseraient comme un instrument de domination.

Sans doute ces mobiles ne sont-ils pas toujours apparents, ni même conscients. Ainsi, quand j'interroge mes collègues sur les raisons des distorsions qu'ils font subir à la langue, quand je leur demande ce qu'ils gagnent à nommer les élèves des « apprenants » et la réflexion une « métacognition », à dire, comme à la télé, qu'ils sont en stage « sur » Paris (et non, comme ils le devraient, *à* Paris), ils me répondent d'abord que chaque langue spécialisée, sous-entendu scientifique, a son jargon, même, ajoutent-ils d'un air sournois, la philosophie. J'objecte que le vocabulaire philosophique ne fait pas double emploi avec le vocabulaire courant, qu'il ne le déplace ni ne le travestit, qu'il ne nomme pas autrement mais autre chose, ce qui est le cas de n'importe quelle langue savante. Mais cet argument ne les convainc pas. Ils ne peuvent ou ne veulent pas voir que leur idiome, celui des « sciences de l'éduc », ne définit pas de nouveaux concepts, mais habille d'expressions pompeuses des réalités triviales.

Ainsi, le « référentiel bondissant » désigne le ballon *communis* et l'« outil scripteur » le stylo *vulgaris*. La « zone proximale de développement » signifie la capacité de l'élève à progresser, ce qu'on nommait naguère ses aptitudes. De même, le lecteur ignore sans doute que lorsqu'il discute avec ses collègues, il devient un « facilitateur de communication », un « inducteur d'interactions au sein d'un groupe de pairs », auquel il ne cesse d'ailleurs de signifier son « vécu » à l'aide d'une « sémiotique communicationnelle » sans doute, mais « infraverbale ». Quant au pauvre benêt qui regarde le bulletin scolaire de ses enfants, il a parfois du mal à comprendre la raison des notes attribuées ou même le sens des appréciations, mais il peut toujours interroger le professeur « sur » ses « critères d'évaluation ». Enfin, s'il n'est pas persuadé par ces exemples ou s'il en souhaite d'autres, il lui est loisible d'aller visiter les rayons pédagogie des librairies spécialisées. Là, il se convaincra que l'inventivité des sciences de l'éducation passe infiniment mes pauvres exemples. J'use de cet expédient, je l'avoue, parce que je n'ai jamais pu me résoudre à lire aucun de ces ouvrages. Je les achète, je les emporte avec moi en autobus, au bistrot, à la plage, dans le train, partout. Je les ouvre, j'en parcours cinq pages, la rage me vient au cœur, l'écœurement au bord des lèvres, et, je n'y puis tenir, je les jette. Ces livres que je ne lis pas finissent par me coûter cher, mais rien ne vaut le bonheur de m'en débarrasser.

Quant à mes étudiants, à la fin du premier trimestre, ils sont déjà ventriloques. Ils ont lu quelques articles du *Monde de l'éducation*, ils ont eu des cours, pardon ! des formations sur le « triangle pédagogique » et le « conflit sociocognitif », sur la « transversalité », la « transdisciplinarité », la « violence institutionnelle » (celle qui est « générée » par l'école) et la « violence symbolique » (engendrée par le savoir) et les voilà déjà aptes à tout régurgiter. Les plus malins sont même capables, comme le leur conseillent mes collègues de lettres, d'inventer des mots-valises avec tant de créativité que je dois freiner leur ardeur et jouer au pion. Sévèrement, je les interromps : « Que voulez-vous dire ? Ça n'a aucun sens ! » « C'est pas grave, madame, me consolent-ils, ça fait bien ! » Après tout, peut-être ont-ils raison, le jour du concours ? Après, on s'en fout !

Je ne voudrais pas abandonner à son (triste) sort l'idiome pédagogique avant d'avoir souligné encore l'un des traits par lesquels il s'apparente à la langue de bois naguère en usage dans les régimes communistes. Le voici : la pédagologie dissout la réalité, la décompose et noie l'être dans son devenir. Ainsi n'y a-t-il plus d'élèves, mais des « apprenants » qui n'ont jamais fini de « s'approprier » un savoir toujours « en cours de construction ». Il n'existe pas davantage de classe mais des « groupes-classes », toujours susceptibles d'être « décloisonnés », tout comme les disciplines elles-mêmes dont les limites fixes répugnent à nos pédagogues parce qu'elles renvoient à des objets qui prétendent, chose horrible à dire ! être arrêtés dans leurs contours et réellement constitués. Par exemple les continents, les guerres et autres événements historiques, les grandeurs, les langues, etc., alors que nos doctes savent que les continents dérivent, que les événements historiques doivent faire l'objet d'une relecture incessante, que les nombres sont imaginaires et que les langues ne cessent d'évoluer. Est-ce à dire que les pédagogues soient partisans du mobilisme universel et qu'ils soient allés dénicher quelque fragment rabougri d'Héraclite ? Non, sans doute ! Ils sont tout simplement imbibés de ce marxisme profus auquel la novlangue pédagogique emprunte sa doctrine et sa terminologie : la « production » (du savoir), le « processus » (de l'apprentissage), la *praxis* (de l'enseignant), et, bien sûr, la nécessaire « articulation » de cette praxis avec la « théorie », sans compter la « logique dialectique » qui « génère » une « pensée divergente », c'est-à-dire « créatrice, innovante, novatrice, contestataire, critique et subversive ». Na !

Parvenue à ce point, je ne puis dissimuler que j'ai longtemps nourri tous les griefs possibles à l'encontre de ce baratin qui m'exaspérait jusqu'à la frénésie. Mais je me vengeais *in petto* des blessures morales qu'il m'infligeait, en me disant qu'il servait de cache-misère à des ignorants, de faire-valoir à des intrigants, de parure à des prétentieux. Sans doute ! Mais tous les collègues qui en usent n'entrent pas dans ces catégories. Certains sont intelligents et même lettrés. Alors, pourquoi ? La novlangue pédagogique libère celui qui la parle du contact avec la réalité, le soustrait à sa pesanteur et l'établit dans l'univers enchanté de l'illusion où l'enivrent aussitôt les vapeurs de l'utopie. Plus rien alors n'a d'être ni de poids ; le niveau des élèves, comme un ballon gonflé à l'hélium, ne cesse de monter, l'école est toujours plus égale, moderne, interactive, citoyenne, festive, conviviale et performante, les examens, réduits à d'aimables fictions, sont maintenus par jeu. Il n'y a plus alors moyen d'arrêter le flot grondant de la sottise, la surenchère dans l'absurdité. Car les pédagogues doivent continûment et compulsivement vérifier que rien ne s'oppose à leur fantaisie, partant, qu'ils peuvent vraiment dire n'importe quoi, que leur pouvoir d'énoncer des absurdités, des mensonges toujours plus énormes, est véritablement sans limites, bref que, s'étant soumis le langage, ils en sont devenus les maîtres. C'est d'ailleurs pourquoi, répétons-le, leur idiolecte est moins un outil de communication qu'un argot d'initiés. Ceux qui le parlent se reconnaissent et se légitiment entre eux, les autres sont des caves que l'on tient à l'écart, qu'il faut intimider et qui, même réduits au silence, demeurent suspects.

On conçoit donc sans peine que les malheureux étudiants qui doivent utiliser cet idiome dans leurs travaux et leurs rapports avec leurs formateurs, s'ils ne sont pas naturellement résistants, finissent lobotomisés. Car ce parler est affligé des deux sortes d'aphasie analysées par le linguiste Roman Jakobson. La première résulte de l'empêchement à substituer un terme à l'autre, invalide la puissance métaphorique, l'aptitude au mot d'esprit, l'intelligence du sens figuré et frappe donc la puissance de symbolisation qui est le ressort même du langage humain, la source de sa fécondité. Or les pédagogues en leurs discours ont escamoté ce pouvoir. Ils parlent, si l'on peut dire, par blocs, en entassant des expressions toutes faites (dont le lecteur trouvera maints exemples plus loin), auxquelles ils ne peuvent rien changer, qu'ils ne peuvent pas traduire dans la langue ordinaire, de peur qu'elles ne se lézardent et n'en viennent à se disloquer. La seconde incapacité concerne le pouvoir de combiner des éléments de la langue en une chaîne signifiante, partant, de décrire un fait en explorant sa complexité, de faire apparaître des relations inédites, d'enrichir l'expérience, de développer sa pensée, de briser la gangue du « vécu ». Mais là encore, la pédagogie oppose un « *non possumus* » et les pédagogues enchaînent les syntagmes du genre l'élève-au-centre-des-apprentissages ou l'élève-au-cœur-du-système-éducatif comme de la verroterie au long d'un fil. Il ne faut pas tirer trop fort, sinon tout craque et les mots désenchantés s'en vont rouler dans la poussière, sur le sol rugueux de la réalité où leur éclat aussitôt s'éteint.

Doctrine

Mais qu'importe la destruction de la langue ? Notre nouvelle école se veut « *centrée sur l'apprenant* ». Cette formule, frappée au coin de l'emphase existentielle que nous affectionnons, est devenue sacramentelle. Il n'est aucun de mes étudiants qui ne commence un exposé (sur la valeur socialisante du rugby, le théâtre citoyen, la natation comme sensibilisation à l'environnement ou l'informatique-outil-de-communication) sans la rappeler. Elle a, bien sûr, suscité l'adhésion de parents naïfs qui comprennent par là que l'école doit tout faire pour leur mioche. Mais que signifie-t-elle ? Rien de plus que le déplacement du principe de l'autorité du maître à l'enfant. Désormais, comme chacun le sait, le moutard qui « part de son vécu » doit lui-même « construire ses savoirs », devenir son propre instituteur et « découvrir » l'histoire, la géométrie, la biologie, etc., grâce aux « situations » dans lesquelles il se trouve placé comme aux matériaux mis à sa disposition. La maxime générale de cette nouvelle pédagogie s'énonce ainsi : « La culture est le processus d'auto-production de l'homme par lui-même[1]. » Cette fière déclaration a pour corrélat l'affirmation suivante (du même auteur) : « L'enfant doit construire lui-même

1. Henri Pena-Ruiz, *Les Principes de l'idéal laïque*, Savoirs CDI, 2004.

ses savoirs et non les recevoir passivement d'autrui. » D'où la conclusion : l'élève doit être « au centre du système » parce qu'il est « seul acteur de ses apprentissages ». L'élément *princeps* de ce nouveau credo est donc la contestation de l'autorité selon les deux formes qu'elle prend, ou plutôt qu'elle prenait : l'autorité disciplinaire de l'adulte, dont nous reparlerons à loisir mais, avant toute chose, l'autorité du savoir.

Il me faut donc répéter encore et encore que, dans l'école d'aujourd'hui, le savoir, c'est-à-dire l'ensemble des connaissances nécessaires au progrès de l'esprit humain, est non seulement ignoré, mais encore méprisé, dévalué, parfois haï, et que beaucoup de maîtres le considèrent comme une sorte de traquenard tendu aux élèves. Pourquoi ? Eh bien, parce que sa transmission asservit l'enfant, le rend passif et le prive de son autonomie. D'ailleurs, l'enfant a droit au savoir, comme l'adulte a droit à la culture et la pédagogie vise moins à instruire ou bien à cultiver l'élève qu'à le rendre maître et possesseur de contenus qu'il doit s'approprier et non plus, comme par le passé, assimiler. Ce n'est donc plus le savoir qui informe l'élève et permet de mesurer ses progrès, mais l'élève, avec ses besoins et ses intérêts qui devient la mesure du savoir et peut juger de ce qui lui est bon puisque lui seul peut « donner du sens à ses apprentissages ».

Cette expression, véritable ritournelle du manège pédagogique, signifie en premier lieu que les apprentissages, réduits à eux-mêmes, sont dépourvus de signification : la grammaire, l'orthographe, l'arithmétique, l'histoire sont ainsi de simples « outils » qui trouvent leur sens par la grâce de quelque montage étranger à la chose enseignée, dans un « projet consensuel et fédérateur » – une sortie, un spectacle de marionnettes, le tri des ordures ménagères (démonstration en classe à l'appui), la confection d'un album ou Dieu sait quoi encore supposé recueillir l'adhésion des enfants.

Bien sûr, ces artifices pédagogiques qui confèrent à la motivation des élèves le plus grand poids ne sauraient suppléer un enseignement systématique, car c'est bien le savoir lui-même qui est intrinsèquement formateur ; c'est lui, et non quelque activité plus ou moins récréative, qui initie les élèves aux exigences de la raison. C'est en s'en instruisant que chacun peut faire l'expérience du sens, comme de ce qui doit être sans cesse approfondi. C'est pourquoi la motivation ne saurait précéder l'intelligence, elle la suit. Ces constats banals s'avèrent pourtant inacceptables dès lors qu'ils contredisent le postulat de l'idéologie pédagogique qui voit peu ou prou dans la connaissance la mort de la liberté, une atteinte à la démocratie, partant, une menace pour le respect des « droits citoyens ».

Les enfants de la pédagogie moderne sont donc, comme chacun le sait désormais, tenus de découvrir par eux-mêmes les connaissances, seul procédé conforme à l'exigence moderne d'« autoconstruction du savoir ». Mais quel sens y a-t-il, me demandera tout lecteur dans sa raison, à faire découvrir la Révolution française, la féodalité, la monarchie absolue, l'esclavage (encore et toujours), le colonialisme (toujours et encore) et même le littoral breton, à partir de documents que, faute de connaissances justement, les élèves ne peuvent interpréter ? Nos pédagogues sont tout bonnement incapables de le dire ! A l'occasion, ils baragouinent que tout doit partir de l'expérience, du concret, de l'observation mais ils ont oublié qu'observer signifie recueillir des traits significatifs, des particularités pertinentes, ce qui suppose justement un savoir déjà acquis. Faute d'en disposer, les petits se trompent, piétinent, énoncent des évidences ou, le plus souvent, des sottises, leur attention se lasse, la leçon interactive n'avance pas et surtout les connaissances qu'elle devrait permettre de « s'approprier » demeurent toujours en suspens. Enfin, le résumé, quand il existe, est rarement compris parce que les notions qu'il entend fixer, faute d'avoir été systématiquement explicitées, paraissent sans rapport avec les exercices qui l'ont précédé. Il n'est pas davantage appris par cœur parce que l'école primaire a nourri une intolérance littéralement phobique à l'égard du par-cœur qui résume à lui seul tous les maux de la vieille pédagogie ; dans le meilleur des cas, il se trouve fixé au moyen d'une « trace écrite », expression désormais rituelle qui évoque irrésistiblement les jeux de piste et les robinsonnades de notre enfance avec les fantasmes de plages toujours vierges, d'îles désertes, de bons sauvages et de forêts primitives qui s'y trouvaient associés.

PAR-CŒUR

Il faut d'ailleurs insister sur cette affaire du par-cœur qui est l'une des obsessions des pédagogues. Nos modernes affirment en effet qu'apprendre, et surtout apprendre par cœur, développe, au mieux, une mémoire mécanique et une intelligence asservie, incapable de s'émanciper de modèles indiscutables, sacrés, fétichisés, en un mot d'idoles devant lesquelles le menu peuple scolaire serait contraint de se prosterner. Leur passion iconoclaste ne permet pas à nos docteurs de comprendre que l'intelligence a justement besoin d'appuis ou de tremplins, que l'instruction dispensée à l'école représente, pour la très grande majorité des élèves, une acculturation dont il faut d'abord maîtriser les formes, qu'au surplus les enfants ne sont justement ni des singes ni des perroquets, de sorte que leur mémorisation est rarement mécanique. Elle mobilise, au contraire, les ressources cachées de l'intelligence et de l'imagination pour former des structures signifiantes qui serviront de fondations aux acquisitions futures.

Il faut de plus souligner que cette manière d'apprendre, et elle seule, permet de mémoriser des suites suffisamment longues pour que l'esprit échappe à l'instantané et devienne capable de construire des formes de pensée stabilisées. La mémorisation s'opère alors nécessairement *in absentia* :

l'élève se détourne du texte, de la carte, de la liste qu'il a sous les yeux pour vérifier qu'il la connaît, il opère un va-et-vient entre présence et absence, et devient par là capable de re-présentation, c'est-à-dire d'imagination mais aussi d'abstraction. Il lui faut, pour retenir ce qu'il doit savoir, construire, si l'on nous passe cette image, une sorte d'*alias* mental provisoire qu'il abandonnera par la suite mais qui contribue à former son esprit. Ainsi, l'enfant qui récite sa leçon ne mobilise pas seulement, comme nos pédagogues le radotent, des automatismes dépourvus de signification ; il prend tout au contraire appui sur des organisations signifiantes, rythmiques, mélodiques, phonologiques, sémantiques, syntaxiques, numériques, logiques qui informent sa pensée et dont la stabilisation est nécessaire à la poursuite de son progrès. Enfin, ce sont les enfants les moins aidés par leur famille qui bénéficient le plus de ce type de travail ; ils acquièrent, en apprenant par cœur, un vocabulaire et une syntaxe qui leur feraient autrement à tout jamais défaut.

Il est d'ailleurs paradoxal pour des pédagogues qui accordent, pour des raisons idéologiques, tant d'importance aux cultures de l'oral, de priver les enfants de l'entraînement mnémotechnique qui est justement au fondement de ces traditions et qui a permis leur transmission. Le postulat des pédagogues selon lequel comprendre suffirait pour apprendre ne se vérifie pas dans le cas où le savoir exige l'exercice autonome de la raison qui doit, comme chacun sait, pouvoir déployer les longues chaînes qu'il lui faut parcourir avant de parvenir à l'intuition de la vérité. Que l'on nous autorise cette dernière remarque : un enfant intelligent apprend, même par cœur, intelligemment là où son camarade moins doué sollicitera sans doute des mécanismes plus élémentaires, partant, d'un moindre bénéfice. Mais dans tous les cas, l'un et l'autre auront appris, l'un et l'autre sauront et même s'ils oublient, ils sauront qu'ils ont su quelque chose qui méritait d'être appris et qu'il leur est loisible de retrouver au lieu de rien. Ils garderont la mémoire d'une connaissance naguère acquise, et non zéro. Enfin il est absurde de nier qu'une part d'automatisme est nécessairement mêlée à notre activité intellectuelle. Le professeur qui corrige ses copies, l'informaticien devant son écran, le médecin qui examine son patient, le juge qui évoque la jurisprudence travaillent pour une part en pilotage automatique, en s'appuyant sur des savoirs latents qui sont à leur disposition parce qu'ils les ont mémorisés et transformés, comme disent nos doctes, en « expertise ».

Seuls le cas difficile, la situation imprévue ou paradoxale sollicitent l'exercice de l'intelligence dans l'unique forme que nos pédagogues lui reconnaissent : la réflexion critique, ce qui veut dire la réflexion tout court. Mais celle-ci s'exerce d'autant plus librement, de façon d'autant plus féconde, que les tâches subsidiaires sont plus rapidement et plus facilement exécutées. De même à l'école. Un élève qui ânonne parce qu'il ne sait pas ses verbes, ses tables, son histoire, sa géographie, parce que son vocabulaire est trop pauvre, sa grammaire inexistante, trébuche à chaque instant et ne peut apercevoir ce qui est vraiment nouveau, curieux, intéressant et qui devrait normalement solliciter sa réflexion.

Egalité

Mes premiers clous rivés, j'en viens au second article de la *doxa* pédagogique répandue dans nos écoles qui est la revendication d'égalité nourrie par un puissant ressentiment contre les élites. La lutte contre l'élitisme et la « culture bourgeoise » s'est imprimée dans la cervelle de nos pédagogues au point de se soumettre tous les idéaux éducatifs antérieurs ou de les phagocyter. Le mot d'ordre qui anime ce combat s'énonce ainsi : l'école doit être, selon une formule sacramentelle, le lieu de la réussite pour tous et, dans toute la mesure du possible, de la même réussite ! Si tel n'est pas le cas, cela ne signifie pas qu'existent entre les élèves des différences d'aptitudes, de talents, de dispositions, voire de zèle, de courage ou de ténacité, comme on en rencontre parmi les hommes, mais qu'un très grand nombre d'enfants est défavorisé tandis que seul un petit nombre (celui qui ne rencontre pas de difficultés majeures dans ses études) est favorisé. Comment ? Eh bien, comme nul ne doit l'ignorer, par la grâce efficace du milieu socioculturel ! Nos pédagogues qui confondent allègrement le milieu social, la fortune, l'éducation, voire ce que la tradition anglo-saxonne nomme « high culture » et qui envisagent cette dernière à la façon d'un privilège d'Ancien Régime héréditairement transmis des parents aux enfants, ne sont pas loin de considérer la vie de l'esprit comme un fait de classe, vexatoire et superflu, et du reste une horrible supercherie, un truchement de riches pour humilier les exclus. Ainsi, au lieu d'instruire les élèves, ce qui, comme le regretté Bourdieu s'en est longuement expliqué, favorisait les favorisés, l'école, depuis vingt-cinq ans au moins, se donne pour tâche de « mettre en place des stratégies d'apprentissage » qui permettent de lutter contre les « handicaps socioculturels » et de réduire les inégalités.

Les deux articles de notre credo : l'« élève au centre » et la « lutte contre les inégalités » expliquent à eux seuls l'effondrement de notre système scolaire. Il est inutile de trop insister sur ce fait aujourd'hui admis par beaucoup et parfois par les pédagogues eux-mêmes. Mais de quelle manière en est-on arrivé là ? Autrement dit, à quoi s'occupent les enfants qui fréquentent l'école six heures par jour et quatre jours par semaine, cela demeure opaque pour le public, et même pour bien des parents. Il faut donc progresser encore plus avant dans l'enceinte sacrée, jusque dans le saint des saints, les classes elles-mêmes, et considérer de quelle façon la pédagogie nouvelle y a liquidé le vieil enseignement.

LECTURE

Eh bien, voici ! L'abandon des modèles qui inspiraient toute la pédagogie de l'ancienne école, l'appel incessant à la « créativité » ont tout d'abord bouleversé de fond en comble, de la maternelle à la terminale, l'enseignement du français. Ce point a été exposé par plusieurs de mes collègues et les derniers ministres eux-mêmes s'en sont inquiétés au point de vouloir rétablir des méthodes plus efficaces, suscitant dans le landernau pédago-syndical une véritable panique à laquelle a bientôt succédé un tir de barrage nourri et, malheureusement encore à ce jour, efficace. J'ai déjà dit qu'il n'est pas de semaine où je ne reçoive des courriels dénonçant la Sombre Réaction à l'œuvre dans les modestes réformes que le ministère tente d'imposer à l'apprentissage de la lecture. Or, la raison de fond qui motive nos globalistes ou semi-globalistes ne repose pas sur l'efficacité de leurs méthodes, mais sur l'ambition de libérer les élèves de la dictature de l'écrit en leur rendant la plus grande initiative possible dans son interprétation. C'est ainsi qu'un certain Foucambert, pédagogue émérite, déclarait, dans les années soixante-dix, qu'il importait peu qu'un enfant déchiffrât sur un pot de yaourt « Yaourt » ou « Danone », du moment qu'il était capable de *comprendre* le sens de ce qui était écrit. C'est également pour cette raison que mes étudiants me reprennent sévèrement lorsque je me hasarde à leur dire qu'enseigner la lecture est une de leurs plus impérieuses obligations. Du tac au tac, ils me demandent aussitôt : « Laquelle ? » Est-ce la « lecture-déchiffrage », la « lecture-écrémage », la « lecture-prise d'indices », la « lecture-plaisir » ou encore telle autre modalité de « lectorisation » que leurs professeurs de lettres leur ont découverte sans s'aviser de la parenté entre cette nomenclature hétéroclite et, par exemple, le traité de zoologie fantastique de Borges. Car l'incohérence n'embarrasse pas nos maîtres. Ce qui leur importe est de soumettre les écrits à des « approches multiples et plurielles » grâce auxquelles l'apprenti lecteur « s'appropriera » les textes qu'il pourra transformer en « supports » de projets, utilitaires ou ludiques, au choix.

Mais je reviens à mes marmots car je voudrais faire toucher du doigt, une bonne fois, toute l'absurdité des méthodes actuelles d'« entrée dans la lecture ». Peut-être ignore-t-on que les maîtres vraiment « in » ont abandonné depuis belle lurette les vieux manuels au bénéfice d'albums qui tout à la fois « donnent du sens à la lecture » (laquelle, comme chacun sait, en est par elle-même dépourvue) et permettent une « lecture-plaisir » exclue des anciens ouvrages. Ce parti pris est parfois poussé au ridicule lorsque telle institutrice de cours élémentaire discrédite auprès d'enfants de sept ans la lecture qu'elle est chargée d'enseigner et prétend introduire ses élèves à une « approche alternative » en concoctant des textes de sa façon dont le héros est un petit Africain qui n'aime pas l'école (trop scolaire !) et préfère lire à partir de son *vécu* « dans les étoiles » ou dans « les traces des éléphants » (lesquels pullulent, comme chacun sait, aux abords de nos cités et de nos quartiers).

Sans doute tous les instituteurs ne sont-ils pas si ingénieux, mais dans leur très grande majorité, ils refusent de voir que les vieux manuels avaient l'avantage de présenter de façon raisonnée la « combinatoire », c'est-à-dire les syllabes de la langue française, et permettaient ainsi une progression systématique et, surtout, une analyse méthodique de ce qui était lu. A quoi l'on objecte désormais que les albums ont, sur les livres de lecture, l'avantage d'autoriser une appréhension globale du texte car l'élève ne va pas des lettres aux mots, des mots à la phrase, puis de celle-ci au sens, mais du sens (forcément global) aux mots. Mais comment donc, s'étonnera le lecteur, le sens est-il découvert, si les élèves ne savent pas lire ? Mais, mon ami, grâce aux illustrations et généralement à tout ce qui forme la « paratextualité » : la mise en pages, le titre, la disposition des paragraphes, la quatrième de couverture (qui est, pour de mystérieuses raisons, dès la petite section de maternelle, l'idole des instituteurs), sans oublier, bien sûr, le nom de l'éditeur, bref, toutes les caractéristiques de l'« objet-livre ». Une fois ces paramètres identifiés, les élèves sont invités à « émettre des hypothèses » qui leur permettront, à partir du thème de l'histoire indiqué par le titre ou la première illustration, d'anticiper le « schéma actanciel du récit », avant d'aborder le déchiffrage (la lecture) proprement dit, activité accessoire et qui devra procéder, elle aussi, d'hypothèses démocratiquement discutées par tous et portant d'abord sur l'identification puis sur le sens des mots inconnus.

Qui s'étonnerait que, après un tel traitement, bien des enfants tiennent la lecture pour une activité magique et fassent accroire à leurs parents qu'ils savent lire alors qu'ils ont simplement retenu un passage maintes fois ressassé. Tournez la page, leur « expertise » s'évanouit parce que, faute de pouvoir être correctement déchiffré, chaque mot inconnu présente aux malheureux une énigme nouvelle, de sorte que toutes les modalités de « lectorisation » dont nous avons fait la liste se réduisent à une forme unique : la lecture-rébus. On ne peut donc que se réjouir de voir les méthodes semi-globales ou mixtes au moins théoriquement mises en cause, mais il faut enfoncer le clou et préciser, pour ceux qui ne l'auraient toujours pas compris, les raisons de leur nocivité : elles brouillent l'intelligence de la langue écrite parce qu'elles superposent deux approches contradictoires : tantôt, le mot est traité comme une image, justement globale (telle maîtresse explique par exemple que le « f » du mot *girafe* indique l'image de son long cou), tantôt, il doit être déchiffré comme une combinaison de lettres et de syllabes, d'où le nom de méthode mixte. Or, ces deux démarches coexistent tout le temps de l'apprentissage, pour la lecture d'un même mot, ce qui déroute complètement l'intelligence de l'enfant et l'oblige à deviner à partir d'« indices » un mot qu'il finira au mieux par savoir reconnaître sans être jamais capable de le lire, c'est-à-dire d'analyser ses éléments. Les conséquences de ces démarches contradictoires se font évidemment sentir bien au-delà de la lecture, dans une difficulté et une répugnance générales à analyser quelque écrit que ce soit. Car le sens de tout ce qui est lu paraît le plus souvent aléatoire, d'autant qu'il ne cesse tout au long de la scolarité de faire l'objet de ces fameuses hypothèses émises par les élèves, que le maître s'abstient en général de critiquer, pour ne point contrevenir, à Dieu ne plaise ! à la spontanéité, à la créativité, ou bien encore à l'estime de soi.

On se figure aisément que ces partis pris sont ruineux pour tous les enfants, à commencer par ceux qui viennent de milieux socioculturels défavorisés et sont, pour cette raison, incapables d'émettre la moindre hypothèse sur des mots qu'ils n'ont jamais entendus et dont ils ignorent le sens. Il ne devrait pourtant pas être si difficile, même pour un pédagogue, de comprendre qu'un enfant qui n'a jamais vu de poire, n'en a jamais mangé et n'a jamais entendu ce mot, ne peut le reconstituer ni le reconnaître en combinant le pictogramme (le dessin de la poire) et la seule connaissance d'une ou même de plusieurs lettres du mot. Le malheureux ne peut ni deviner le mot (quelle hypothèse pourrait-il bien émettre ?), ni le déchiffrer, de sorte que la lecture n'acquiert jamais pour lui aucune signification. Le même enfant saura au mieux, six ans plus tard, reconnaître quelques vocables familiers, et se servira tant bien que mal de l'écriture phonétique pour adresser à ses copains des messages en texto. La nouvelle pédagogie de la lecture laisse donc sur le carreau tous ceux qui n'ont rien, hormis l'école, pour apprendre le français ; elle les condamne à vivre dans une prison culturelle qu'ils sont parfaitement fondés, une fois devenus grands et conscients, malgré tout, du dommage subi, à vouloir incendier.

Mais les échecs de tant d'écoliers en lecture, au lieu d'inciter les pédagogues à revoir leurs méthodes, les ont conduits à les imposer un an plus tôt, de sorte que la dernière année de maternelle est largement consacrée à préparer cet apprentissage. Je vois ainsi, dans une classe d'enfants de cinq ans, une jeune stagiaire lire une histoire illustrée où des souriceaux se promènent sur un gros éléphant. Chaque souriceau est différemment colorié, de sorte que les petits apprennent, à cinq ans ! (il s'agit, il est vrai, d'une classe située dans un quartier défavorisé), le nom des couleurs élémentaires. Puis la maîtresse distribue des feuilles sur lesquelles sont reproduits les six souriceaux. En bas de la feuille, de minuscules cartouches ainsi conçus : « le souriceau vert », « le souriceau bleu », etc. Les petits doivent découper et coller les étiquettes sous chaque souriceau qui sera ensuite adéquatement colorié. Seul hic : ils ne savent pas encore lire. « Ah, me dit la jeune dame, c'est pas pour qu'ils lisent, c'est pour qu'ils entrent dans la lecture. – Soit, mais comment ? – En établissant des bijections ! – Des bijections entre quoi et quoi, puisque (je m'énerve) ils ne savent pas lire ? » Stupéfaction, ébahissement, incrédulité. J'insiste, la maîtresse perd pied et finit par reconnaître qu'elle aurait dû, à tout le moins, et pour demeurer dans la logique d'une « pédagogie de la découverte », distribuer des fiches sur lesquelles, en regard des noms de couleur, auraient figuré les couleurs elles-mêmes. Mais voilà, elle était si soucieuse de déférer aux exigences d'un montage pédagogique qui tient sa valeur de sa complexité qu'elle a tout bonnement oublié qu'on ne peut, même abondamment secondé, découvrir ce qu'on ignore. Quant à moi, je n'ai plus le courage de répéter encore une fois qu'un signe n'est pas une icône, qu'on perçoit d'un coup une image, *a fortiori* une simple couleur, tandis qu'il faut analyser un mot. Je jette l'éponge, je ne fais pas le poids. Et puis ce qui compte en cette affaire, ce n'est ni le bon sens, ni l'évidence, ni la vérité, mais l'autorité supérieure de mes collègues les pédagogues, face à quoi mes pauvres raisons ne sont rien.

Le résultat de ces stratégies différenciées, chacun le connaît : de moins en moins d'enfants savent lire, et surtout de moins en moins lisent correctement, de sorte qu'ils ne parviennent plus, dans aucune discipline, à comprendre les énoncés de leurs exercices. Le lecteur imaginera aisément par lui-même les conséquences présentes, et malheureusement encore à venir, et ce pour de nombreuses années, de l'illettrisme de tant d'enfants. Car ce n'est pas 20 % d'une classe d'âge qui entre en sixième sans savoir lire, mais plutôt 40 à 50 %, voire 60 %, sitôt que l'on exige la lecture courante de tous les mots d'un texte et la capacité à comprendre précisément le sens de ce qui est écrit. Evidemment, ces exigences ne figurent pas dans les évaluations nationales organisées à l'école primaire ou dans les petites classes des collèges. Les tests utilisés se bornent à poser des questions ponctuelles *sur* le texte pour en vérifier la compréhension ; ils n'exigent ni la lecture ni l'explication *du* texte. Ainsi, d'hypothèses en « identifications d'éléments pertinents », les élèves en viennent-ils à pratiquer des exercices de glisse qui leur épargnent la peine de pénétrer le sens et de plier leur intelligence à son économie propre.

C'est qu'à la *praelectio*[1] des jésuites qui supposait l'analyse et le commentaire précis, détaillé, de tous les éléments, de tous les aspects d'une page, on a substitué la « lecture écrémage-balayage ».

Ainsi mes jeunes gens, les futurs instituteurs du XXIe siècle, sont-ils déjà nombreux à souffrir de cette déformation. Ils soupirent d'ennui lorsque j'insiste : « Un mot est un mot, même *contextualisé*, on ne peut pas lui faire dire n'importe quoi », ils s'exaspèrent que les pages de Rousseau ou de Durkheim que je leur demande d'expliquer soient « écrites en vieux français » et l'un d'entre eux s'indigna de ce que je faisais expliquer ces textes « dans lesquels il y a beaucoup de mots ». Cette amère critique exprimait sans doute le sentiment général car personne ne s'étonna et personne ne rit. Au reste, j'ai tort de m'indigner car mes gentils étudiants n'ont jamais rien lu. Les textes de littérature de jeunesse

1. La *praelectio* désignait ce qu'on nomma, dans l'école de Jules Ferry, la lecture préparée.

qu'ils ont parcourus à l'école primaire étaient le plus souvent plats, pauvres, insignifiants, dépourvus de style et de profondeur littéraire. Au collège, au lycée, on leur a fait étudier des genres et des listes de tropes, ce qui les a conduits à considérer la littérature comme un grand jeu de Meccano. A la fac enfin, y compris à la fac de lettres, leurs lectures sont devenues strictement utilitaires : quelques pages de polycopiés pour décrocher leurs unités de valeur.

ECRITURE

Mais je ne puis à moi toute seule m'opposer aux progrès de la pédagogie de sorte que la libération des élèves vis-à-vis de la vieille culture littéraire et de ses modèles se poursuit lorsque l'on passe de la lecture à la rédaction, qu'il faut d'ailleurs nommer, si l'on veut être correct et compris par ses contemporains *é-cri-ture*. Pourquoi ne parle-t-on plus (comme avant) de rédaction et moins encore de style ? Parce que nul ne s'en soucie plus ! A vrai dire, nul ne sait plus de quoi il s'agit et, moins encore, mes étudiants. L'exercice anciennement nommé narration a disparu puisqu'il se référait à l'existence de modèles, et les enfants des écoles ont été subséquemment promus « producteurs de textes ». Cette expression, mise à l'honneur dans les IUFM qui lui ont communiqué une dignité quasi sacramentelle, concentre de manière exemplaire la suffisance et l'irréflexion de nos pédagogues. Car seul un marxiste, et encore un marxiste idiot, peut supposer que l'on produise des textes en appliquant les procédures formelles du prétendu « schéma narratif » ou du prétendu « schéma actantiel », de sorte que le livre, une fois « désacralisé » et « défétichisé » (ce dont on s'occupe activement dans les bibliothèques des écoles où l'on mène les enfants dès la maternelle afin qu'ils puissent « se familiariser avec l'objet-livre », le renifler, le palper, le classer par couleur et par taille), ne se distingue plus d'une paire de bottes ou d'un saucisson : il apparaît comme le résultat d'un processus de fabrication entièrement au pouvoir de ses producteurs.

Il va de soi qu'entre des textes ainsi produits ne saurait exister aucune différence de valeur. Le SMS envoyé au copain, la carte postale adressée à sa grand-mère pour la fête des Mamies, l'*Odyssée*, le dépliant touristique que se procurent les élèves désireux de faire une sortie citoyenne, soucieuse de l'environnement et sans papiers gras, la recette des crêpes, le mode d'emploi du MP3, *Tintin au pays de l'or noir* ou l'*Indicateur des chemins de fer français* appartiennent à des genres différents et relèvent de divers niveaux de langue sans qu'il y ait lieu d'établir entre eux aucune hiérarchie. Ils sont pareillement produits selon des procédures qu'il est possible d'identifier, de formaliser, de décontextualiser pour en faire « apparaître la dimension de transversalité », ce qui permet de les transposer à d'autres contextes pour écrire d'autres textes innovants et novateurs.

Il vaut d'ailleurs de souligner que ces inepties sont accréditées au sommet de la Grande Machine. Un M. Vialat, qui fut directeur des programmes au ministère et, de plus, professeur d'université, définit tout de go les œuvres littéraires en les qualifiant de « textes porteurs de références culturelles ». Une expression aussi vague et aussi vulgaire témoigne de l'estime en laquelle ce professeur, assumant dans sa discipline les plus hautes responsabilités, tient la littérature, mais elle montre surtout à quelle profondeur le baratin sociologisant a pénétré son esprit. Car absolument n'importe quoi peut être considéré comme un produit culturel et porteur, à ce titre, des références en question. Du coup, le défunt Bottin, une savonnette ou la *Critique de la raison pure*, sous le rapport de la culture deviennent équivalents, ce qui rend entièrement superflue la tentative de les évaluer.

Un enseignant familier de ces nouvelles méthodes m'objectera sans doute que l'école primaire continue d'initier les élèves à la littérature, en utilisant en lieu et place des vieux livres de lecture et des vieilles anthologies des ouvrages dits de littérature de jeunesse qui se trouvent mieux adaptés aux intérêts présents des enfants : l'esclavage, le racisme, les inégalités, la vie, la mort, les différences (entre les garçons et les filles, mais aussi entre les humains et les animaux). Que, de plus, ces ouvrages suivent les recommandations de la commission ministérielle *ad hoc* en interrogeant « l'histoire, la société, les problèmes de l'enfance[1] », par exemple la boulimie et l'homosexualité[2]. Enfin, ce nouvel enseignement entraîne les élèves à maîtriser des genres plus variés que par le passé, parmi lesquels le portrait. De quelle manière ? Voici : on choisit un ou plusieurs exemples et l'on demande aux enfants de trouver l'invariant : *il était* (comme ceci ou comme cela), ou bien *il avait* (un nez rouge, de grandes oreilles, etc.). L'élève dispose donc aussitôt de la matrice (qu'il a lui-même découverte) et qu'il lui suffit de compléter

1. Ministère de l'Education nationale, *Le Langage à l'école maternelle*, Paris, CNDP, 2006, p. 82.

2. Ainsi dans *Le Journal de Grosse Patate* (Dominique Richard, Ed. Théâtrales/Jeunesse, Paris, 2001), le jeune lecteur découvre l'histoire édifiante d'une petite fille obèse, « Grosse Patate », qui est amoureuse de Rémi, lequel aime Hubert. Dans le cours de l'ouvrage, Rémi s'interroge sur son orientation sexuelle : « Qu'est ce que je suis, moi ? Une fille, un garçon ? Est-ce qu'on ne peut pas être les deux à la fois, si on veut ? ON A LE DROIT. » Quant à Grosse Patate, remise de son amour malheureux, elle pense que « Rémi était comme un chevalier des anciens temps qui se sacrifie pour celui qu'il aime ».

pour faire à son tour un portrait : « Il était… marrant, il avait… un training tout sale et déchiré. » On jugera à coup sûr du bénéfice pour ceux qui, libérés des modèles contraignants, peuvent aussi bien commencer leur portrait, comme l'écrit une jeune maîtresse dont je dirige présentement le mémoire professionnel, « par le caractère ou par les cheveux ».

Qu'ai-je donc à redire à ces innovations ? Ceci, tout de même : soumis à ce régime du cours préparatoire à la terminale, les élèves sont littéralement cassés. Ils n'ont été libérés des modèles littéraires classiques que pour se voir invités à reproduire de la façon la plus mécanique, la plus superficielle, la moins exigeante les procédures formelles inventoriées par des maîtres qui eux-mêmes n'ont pas beaucoup lu, de sorte que ni leur goût ni leur sens littéraire ne peuvent se développer. En effet, l'entraînement auquel on les soumet bannit l'intuition et la sensibilité, qui sont, bien sûr, des facteurs d'inégalité et contreviennent en outre à la prétention scientifique qui s'est imposée depuis la fin des années soixante à l'enseignement du français. De plus, le repérage des différents genres littéraires sous lesquels les élèves doivent subsumer les textes qu'ils étudient leur interdit de remarquer la supériorité intrinsèque de certaines œuvres, s'ils venaient, par mégarde, à les côtoyer. Cette cuistrerie scientiste n'entrave d'ailleurs en rien la subjectivité la plus déréglée dès lors que, le discernement n'étant plus éduqué, chacun en est réduit à dire qu'il adore ou qu'il déteste, à décréter tel ouvrage génial ou nul, sans être capable de motiver son avis. Disparaissent ainsi l'intuition fine et le jugement éclairé. Mais qui s'en soucie ? L'important n'est-il pas, une fois encore, de lutter contre l'élitisme et de « démocratiser les pratiques littéraires ». Puisque les textes sont équivalents, les élèves qui les produisent deviennent à leur tour égaux ; il n'y a plus lieu de distinguer de différences de style, d'aisance, d'habileté, de talent là où les références aux grands modèles ont disparu. Tout au plus, certains maîtres consciencieux s'obstinent-ils, sans qu'on sache bien pourquoi, à exiger un « nettoyage orthographique des productions » qui n'a, bien sûr, aucune des vertus de la vieille dictée. Pour le reste, on imagine aisément à quels résultats conduit cette pédagogie censée encourager la créativité et libérer la spontanéité. Les enfants sommés de « produire un écrit », ânonnent et vont chercher leur inspiration dans les stéréotypes que la pub, la télé ou la vie quotidienne leur ont transmis. Ils produisent donc invariablement de misérables torchons qui reproduisent la langue commune et volontiers argotique le plus souvent parlée dans les familles et, bien sûr, à la télé.

« Assez ! » me crie-t-on, excédé. « Que vous ayez raison ou non, cela fait longtemps que nous vous avons comprise. Faut-il que vous nous harceliez à ce point ? Que vous nous infligiez la description fastidieuse à périr de toutes ces minuties d'arrière-boutique ? » Eh bien, oui ! Pour quelle raison vous épargnerais-je le récit de ce que subissent vos enfants chaque jour, depuis tant d'années sans que vous ayez jamais daigné vous en aviser ? Les avez-vous à tout jamais abandonnés à des maîtres ignorants ? Les confieriez-vous, s'ils tombaient malades, à des charlatans, à des imposteurs et à des rebouteux pour qu'on vous les rende estropiés de corps, comme leurs maîtres les rendent difformes de langue, de goût, de sensibilité, de raison, en un mot d'esprit ? Non, je ne vous laisserai pas ! Je continuerai à vous conter par le menu ce que subissent vos mioches. Par exemple, je n'ai pas réussi à dissuader l'une de mes étudiantes de choisir pour thème de son mémoire : « la production poétique au service de la pédagogie de projet ». (Le lecteur doit encore apprendre que le mot « projet » désigne toutes sortes d'activités pédagogiques censées « fédérer le groupe-classe » pour « initier les élèves à l'autonomie et à la responsabilité ». Qu'il se rencontre à tous les étages de l'enseignement primaire et secondaire. Que les établissements sont tenus de faire connaître leurs projets à l'inspection d'académie, que chaque classe a son propre projet pour l'année et que chaque institutrice doit montrer comment « ses activités s'inscrivent dans un projet ». Que le projet qui recueille le plus de suffrages à l'école primaire est sans conteste l'« entrée dans la lecture », mais que l'on peut aussi choisir l'« entrée dans l'écrit », l'« entrée dans l'oral » étant plutôt réservée aux écoles maternelles et l'« entrée dans les apprentissages », aux écoles situées en ZEP, à moins que l'on ne lui préfère l'« apprentissage du vivre ensemble » qui, lui, définit carrément un projet citoyen.)

Ma jeune fille, donc, entendait expérimenter un projet qui formât ses élèves (de cours moyen première année) à la citoyenneté, mais par le biais de la poésie, soit en unissant citoyenneté et poésie au sein d'un « projet fédérateur commun ». Le titre de son mémoire était de ce genre : *La production d'écrits poétiques : un projet fédérateur au service de l'éducation citoyenne*. Mais de quelle manière ladite production, de haïku, d'acrostiches, de cadavres exquis et de calligrammes (ma jeune fille avait appris toutes ces dénominations à l'IUFM, à l'exclusion des sonnets, ballades, stances, hymnes, odes), pouvait-elle contribuer à son dessein citoyen ? J'eus toutes les peines du monde à le lui faire expliquer. Certes, ses élèves devaient « réaliser des productions poétiques subversives » et non de la « vieille poésie » (dont, derechef, elle semblait tout ignorer), de façon à devenir les vrais « acteurs de leurs apprentissages » (et de leur éducation citoyenne), mais pourquoi, puisque nous nous trouvions, par chance, en pleine période de manifs, ne pas faire rédiger des slogans, également citoyens, sur des calicots ? Parce que, me répondait-elle, on néglige à l'école primaire l'étude de la poésie (ce qui est parfaitement vrai). Mais alors pourquoi tenait-elle tant aux acrostiches ? Etait-ce peut-être le mot qui lui plaisait ? Et encore, pourquoi *Calligrammes* et non les *Fables* de La Fontaine ? Pourquoi le vers libre et non les alexandrins ? Pourquoi le Japon (les élèves, y savent même pas c'est où sur une carte) plutôt que « mon petit Liré » ? Mais, sapristi ! A projet citoyen, forme contestataire ! Et puis, ce qui importait à ma gentille étudiante, vibrante des convictions pédagogiques inculquées par ses formateurs, ce n'était pas tant d'initier ses élèves à la poésie existante, que d'en faire des « enfants poètes », capables, je cite toujours, de « faire apprécier au public la valeur de leurs productions ». « Soit, concédai-je, de guerre lasse et à bout d'arguments, mais où donc ? » Eh bien, au village voisin où les enfants devaient s'en aller distribuer des tracts pour annoncer la parution de leurs poèmes, réalisant encore un autre objectif, éco-citoyen, celui-là : ouvrir l'école sur la vie de la cité, soit sur la place du marché.

Que l'on n'aille pas s'imaginer que je raille ! Si les productions poétiques des élèves étaient, comme l'on peut s'en douter, désolantes, le travail de cette jeune femme, que j'avais tenté de décourager par tous les arguments possibles, se révéla formellement excellent. Réfléchi, méthodique, bien composé, rédigé presque sans fautes, ce qui me rendait plus accablante encore la pensée de tant d'heures perdues auprès d'enfants qui n'auront pas même appris une unique poésie par cœur, de tant de bonne volonté dévoyée, de tant d'efforts gaspillés et du long chemin qu'il faudra parcourir pour se désabuser des fictions accréditées par les pédagogues et pour acquérir, s'il n'est pas trop tard, quelques éléments d'une authentique instruction.

Grammaire

J'en termine avec l'écriture pour souligner que la « mise en cohérence » de la nouvelle pédagogie du français exige évidemment la liquidation de la grammaire[1], ce qui s'est opéré très simplement en remplaçant la « grammaire de phrase », c'est-à-dire la grammaire normative, par une grammaire, dite « de texte », qui se veut empirique et descriptive. Cette substitution obéit en tout point, comme tant d'autres choses en pédagogie, à la maxime orwellienne : « Two legs bad, four legs, good. » Mauvaise, la vieille grammaire, présentée par les formateurs d'IUFM et la majorité des professeurs de lettres comme un véritable concentré de réaction pédagogique, issue d'un latin frelaté, celui de saint Augustin et de saint Thomas d'Aquin, accréditée des siècles durant par la conspiration (élitiste et réactionnaire) des Jésuites, ligotant par des règles obscures autant qu'arbitraires la libre parole des enfants. Bonne, la grammaire de texte, qui procède de l'observation réfléchie de la langue, moderne, ouverte

1. Il est vrai que les dernières propositions ministérielles rétablissent un enseignement systématique de la grammaire. Espérons, là encore, qu'il sera possible de surmonter ou d'amoindrir les résistances des pédagogues et de leurs ouailles, ce pourquoi j'expose les pratiques qui continuent d'avoir cours et les principes desquels elles procèdent.

et scientifique puisqu'elle emprunte ses notions à la linguistique ; bonne toujours, la grammaire vivante, descriptive, qui recense sans préjugés les usages, ceux du peuple aussi bien que ceux des élites, ceux des jeunes comme ceux des vieux, et distingue aussi les divers registres de langue. Bonne, et même excellente, parce qu'elle libère l'activité de l'« apprenant » qui doit découvrir par lui-même les différentes manières de dire, les comparer, les classer et non plus mémoriser stupidement des règles dont le tort, on commence à s'en douter, est de soumettre l'expression spontanée à une norme extérieure, contraignante et, disons-le franchement, arbitraire, conforme, en dernière instance, à l'intérêt des puissants.

Sans doute est-ce pourquoi il ne m'a jamais été donné, depuis dix ans que je circule dans les classes, d'assister au plus petit exposé dont le thème eût été le nom commun, l'adjectif qualificatif, le conditionnel ou même l'article, tandis que j'entends de jeunes licenciés (de lettres) analyser « lorsque » comme un complément de temps et « seulement » comme un complément de manière. J'ai tort de gémir, je le sais, lorsque je constate non seulement que le passé simple, temps de la narration bourgeoise, n'est plus enseigné, mais que les élèves ne rencontrent pour ainsi dire jamais au cours de leur scolarité primaire la voix passive ou le subjonctif. D'ailleurs, soyons claire et épargnons du temps du lecteur, ils ne rencontrent plus rien du tout puisque leurs instituteurs ne disposent plus de ces livres du maître en grammaire, en vocabulaire, en orthographe, à l'aide desquels, avant, ils préparaient leurs leçons, de sorte qu'ils n'ont plus même l'idée de ce qu'il leur faudrait enseigner. A quoi passent-ils donc leurs heures de français ? Eh bien, ils proposent aux enfants quelque méchant petit écrit extrait d'un album de littérature de jeunesse au titre heureusement subversif. Par exemple : *Que feriez-vous si vous soupçonniez votre grand frère chéri d'avoir commis un crime horrible ?* Guidés par l'enseignant dans l'analyse de la première de couverture (deux mains encore enfantines mais déjà dégouttantes de sang), ils émettent des hypothèses afin de découvrir par eux-mêmes, en s'aidant du contexte, ce que peuvent être noms, verbes ou adjectifs, avant que l'instituteur ne consente parfois à définir ces termes, voire, plus rarement, veille à ce que les élèves en conservent les définitions, qu'on ne leur demandera jamais, au grand jamais, de réciter, sur les feuilles volantes de leurs classeurs.

Bien sûr, quelques jeunes enseignants qui ont fait de solides études me réservent d'heureuses surprises. Une classe de CE1, par exemple, installée dans une école qui, me dit-on, « devrait pourtant être classée en ZEP[1] ». Un quartier à l'avenant, des enfants pour une bonne moitié non francopho nes, pour l'autre issus de familles ou de pseudo-familles diversement décomposées et assistées, avec le cumul habituel des difficultés économiques, sociales, psychologiques, addictions, alcoolisme et violences variées. Une petite fille, bien mignonne, qui a essayé par deux fois de se pendre, un petit garçon bien sage qui est, paraît-il, autiste, un autre qui a été pschi-pscha-pscha par un oncle, enfin on n'est pas vraiment sûr mais « il y a eu quelque chose ». D'autres encore chez lesquels on « communique » à l'aide de l'un des dialectes maghrébins, dont les mères sont voilées de la tête aux pieds et qui ont de surcroît, me dit la directrice, interdiction de parler français (la langue du petit Satan !) à la maison. Cependant la maîtresse fait lire *Pierre et le loup* à voix

1. Zone d'éducation prioritaire.

haute, à tour de rôle et en mettant le ton, puis elle explique, exemples à l'appui, les diverses graphies du son « s ». Le conte est simple, lisible, bien rédigé, sans niaiserie ni vulgarité, avec la bonne proportion de mots familiers et d'expressions nouvelles, un vocabulaire moral net, simple, réaliste, à la portée des enfants, de sorte que l'on peut gloser sur le caractère de chacun des personnages : le grand-père aimant dont les interdits sont dictés par la prudence, le garçon aventureux et astucieux qui brave la défense, non par défi mais pour mettre son courage à l'épreuve, et parvient à triompher de la méchante bête, des amis fidèles, les animaux familiers, associés aux dangers comme à la réussite, enfin les chasseurs, grands, forts, armés, qui félicitent l'enfant valeureux et le reçoivent comme un des leurs.

On est loin ici des niaiseries altermondialistes, subversives et politiquement correctes dont regorgent les bibliothèques de classe, ainsi que des albums terrifiants qui prétendent, comme me le disait un instituteur féru de psychologie, « mettre les enfants face à leurs fantasmes ». De plus, les cahiers sont proprement tenus, le jeune monde attentif écoute et comprend lorsque j'interviens pour expliquer l'étymologie de « voyelle » et « consonne ». D'un mot, la scolarité est en place et je me dis qu'après tout, dans les années qui précédèrent la Première et même la Seconde Guerre, bien des pères aussi étaient alcooliques, bien des oncles détraqués et, sans doute, bien des enfants maltraités. Que, dans bien des familles, on parlait à peine français mais que l'école tenait et que sa discipline, justement, offrait un refuge, un cran d'arrêt à ceux dont le monde faisait eau de toutes parts. Mais voilà, l'enseignement transmettait des normes explicites, et surtout implicites, les livres de lecture ne prétendaient pas trifouiller dans l'inconscient des enfants, on ne s'occupait pas des registres de langue parce qu'on enseignait seulement le français correct, admis à l'école ; on ne se souciait pas non plus de faire discuter, « au sein des groupes de pairs, les stratégies de résolution de problèmes » ; on mettait les élèves en garde contre leurs fautes de raisonnement (qui étaient graves) et leurs fautes de calcul (moins graves mais cependant sanctionnées). D'un mot, on abordait l'enseignement par sa logique en exposant les règles du bien dire, du bien savoir et du bien raisonner.

Une fois encore, et sans me lasser, je dois souligner la cruelle injustice des méthodes actuelles, tout particulièrement en ce qui concerne l'enseignement du français. L'observation réfléchie de la langue est, à la rigueur, accessible à l'élève qui a déjà l'expérience de ce que l'on veut lui enseigner, qui peut s'appuyer sur une connaissance intuitive du bon usage ; mais comment un enfant dont la famille parle une langue approximative, *a fortiori* comment un enfant auquel on interdit de parler le français à la maison, ce qui est désormais le cas, répétons-le pour être sûre d'être entendue, dans certaines familles gagnées par l'intégrisme musulman, pourrait-il percevoir des différences morphologiques et syntaxiques dont il n'a pas l'usage ? Que signifiera par exemple pour lui l'opposition du passé simple et du passé composé, alors qu'il n'a jamais entendu employer correctement ni l'un ni l'autre ? Et comment pourrait-il « observer » la différence entre temps et modes ? Plus encore, où apprendra-t-il ce qu'est un verbe puisque ni ses instituteurs ni ses manuels ne le lui expliquent plus. Tout au plus indiquent-ils ceci : qu'« à l'infinitif le verbe est invariable » et qu'« il varie lorsqu'il se conjugue ». Mais que sont au juste « variable » et « invariable », qu'est-ce qui varie ? En quoi la variation d'un nom selon le nombre, la variation d'un adjectif selon le nombre et le genre diffèrent-elles de la variation d'un verbe selon le mode, le temps, la personne ? Il ne l'apprendra pas.

Quant à moi, je découvre en feuilletant les livres de français que « les noms propres sont des groupes nominaux minimaux », ou bien que « les pronoms personnels compléments ont souvent une autre forme » (que le pronom sujet). Mais laquelle ? Ce n'est en tout cas pas là que je l'apprendrai ! Certes, ces définitions ne sont pas dogmatiques. Foin d'exposés systématiques ! Mais du concret, que diable ! Du vécu ! Les élèves, y doivent surtout pas se prendre la tête avec les vieux tableaux des vieux temps. A quoi d'ailleurs le passé antérieur ou le plus-que-parfait leur seraient-ils bons ? Ils n'ont qu'à observer l'imparfait et le futur proche qui sont des extensions du présent. Quant au passé simple, je l'ai dit, c'est le temps de la narration bourgeoise, le temps préféré de tous les auteurs d'avant, dont, fort heureusement, on commence d'oublier les noms, bref, le temps des riches. Pour les riches toujours, les modes ! Surtout ne pas les étudier ! Mes collègues ont d'ailleurs depuis longtemps « défétichisé » le conditionnel qui est devenu un temps nouveau, le « futur du passé ». Quant au subjonctif, justement ! alors là, pouah ! Du subjonctif, il n'est plus question. Et puis, bien sûr, la langue évolue ! Qui parle comme Racine ? Et d'ailleurs qui lit Racine ? Et Corneille, donc ? Trop de subjonctifs ! Pourquoi gaver les gamins, pourquoi les corriger s'ils disent « il faut que je vais voir machine » ? « Machine, c'est qui ? » demande la prof. « La meuf, là-bas, là, ch'sais-pas-son nom. »

Le lecteur incrédule me demandera peut-être de nouveau : « Mais enfin, que font vos collègues lorsqu'ils constatent que les élèves ne comprennent presque plus rien, qu'ils butent sur l'énoncé de problèmes ou d'exercices les plus simples, qu'ils traduisent en anglais “moi” indifféremment par *I* ou par *me* ? » En premier lieu, ils ne s'en rendent pas toujours compte, et même de moins en moins, parce qu'à force de démagogie et de relativisme culturel, ils ne savent plus très bien ce dont peut être capable un enfant normalement intelligent et correctement instruit. Mais s'ils viennent tout de même à s'apercevoir que leurs recommandations n'ont pas les résultats espérés, ils font ce qu'ils aiment le mieux, ils innovent et initient leurs étudiants aux secrets d'un nouvel outil : le « français transversal », dont l'ambition est de « décloisonner les disciplines » et de montrer aux élèves que lorsqu'ils apprennent leur leçon d'histoire ou de géographie, lorsqu'ils répondent à une question, s'exercent à courir ou à nager, ils font encore du français, puisque c'est en français que les consignes leur sont données. En quoi, maintenant, ce français transversal diffère-t-il du « français disciplinaire » et qu'enseignent au juste dans les IUFM mes collègues spécialistes de la « transversalité », je n'ai jamais réussi à le savoir et eux non plus, malgré mes indiscrètes questions, ne me l'ont jamais expliqué. Sitôt que je les aborde, ils prennent un air entendu et me considèrent avec méfiance, comme si j'étais un agent provocateur, quelque Mata Hari de la réaction pédagogique. Mais d'après les explications embarrassées de mes étudiants, je parviens à concevoir comment ce français transversal affecte l'enseignement. On explique, ou plutôt on fait découvrir que pour écrire une recette de cuisine on utilise l'impératif, que l'enseignement de la géographie exige tantôt des textes descriptifs (on décrit un site), tantôt des textes narratifs (on raconte l'évolution du paysage urbain). Les élèves sont ainsi mis en présence d'une multiplicité de discours particuliers, obéissant chacun à une logique différente, supposés relever d'une syntaxe et d'une sémantique propres entre lesquelles il faudrait établir *a posteriori* des liens « transversaux ». Il n'y a donc plus une langue française mais des idiomes juxtaposés qui doivent être identifiés puis « décloisonnés ». Le but de la manœuvre est-il de rendre la connaissance du français accessible à tous ? Peut-être certains de mes collègues de bonne foi s'en persuadent-ils et ne comprennent-ils pas qu'une telle segmentation n'améliore en rien la maîtrise de la langue mais qu'elle accrédite la conception utilitariste d'un langage-outil, d'un français de service public mis à la disposition des « usagers ». En tout cas, les bénéfices de l'entreprise sont, eux, immédiats et tangibles : de nouvelles commissions, de nouveaux séminaires de « français transversal » qui permettent bientôt d'obtenir des crédits et de publier dans des revues *ad hoc* qui assoient la réputation scientifique de leurs auteurs.

Et cætera

Bien sûr, nos maîtres ne sauraient se tenir satisfaits qu'ils n'aient étendu à toutes les matières et à tout l'enseignement, de la maternelle à la terminale, les méthodes si probantes qui ont révolutionné l'enseignement du français. Combien de fois n'ai-je pas entendu, par exemple, qu'avant de s'initier à la géométrie, les enfants devaient « appréhender l'espace vécu », ce pour quoi on les emmenait découvrir leur quartier, ses arbres, ses magasins et ses arrêts d'autobus, ou faire le plan de leur école, de ses couloirs, de ses classes, de ses préaux et de sa cour de récréation ; et puis qu'il était nuisible de leur enseigner des éléments de chronologie avant qu'ils n'eussent « appréhendé le temps dans sa globalité » ? J'ai beau m'insurger, invoquer Kant, expliquer qu'espace et temps sont des formes *a priori* qui ne procèdent d'aucune expérience, rien n'y fait. Chacune des matinées des trois années de maternelle, les petits continuent de passer vingt minutes à redécouvrir hier, aujourd'hui et demain (temps concret), avant de glisser, au long de l'arborescence homonymique, à la météo, de sorte qu'on leur fait coller tous les matins de petites étiquettes signifiant qu'aujourd'hui, vendredi, il pleut, ou bien qu'il fait soleil sans que personne ne s'avise que de la temporalité à la météo, la conséquence n'est pas bonne. Au reste, on ne s'étonne pas davantage qu'à partir de l'école primaire, les études destinées à favoriser l'appréhension du temps disparaissent tout d'un coup. Foin d'histoire, foin de grammaire ! De tous les temps du passé, seuls l'imparfait et le passé composé sont évoqués. Quant aux passés du subjonctif et du conditionnel, leur étude est repoussée au collège parce qu'ils ne servent à rien (pour la communication). Peut-être d'ailleurs qu'à l'époque des devoirs de mémoire et autres pathétiques commémorations, la connaissance du passé est devenue superflue et qu'il nous suffit d'encenser chaque jour notre présent par diverses célébrations narcissiques : « Voyez comme nous sommes devenus humains, tolérants, amis de toutes les victimes (du moment qu'elles sont déjà mortes), justes, sages et pieux ! »

Les enfants bien sûr souffrent de ce présent démesurément boursouflé qui dégrade toute leur organisation intellectuelle, leur interdit d'opérer la moindre synthèse, de saisir les relations logiques qui organisent des événements ou des pensées. Ce temps nouveau qui n'est plus articulé par rien cesse d'ailleurs peu à peu d'exister ; il s'étale en une sorte de présent perpétuel, tandis que le passé et le futur glissent dans la fiction. Le premier sert de réceptacle à des fantasmes gothiques, des reconstitutions et des célébrations festives, aussi insipides, aussi vides, aussi déprimantes que la musique de Bach préenregistrée qui retentit sous forme d'animation sonore dans les églises désertes. Pour le reste, il se solidifie en un bloc indifférencié, opaque, inarticulé que mes étudiants, par exemple, nomment, je l'ai déjà dit, « avant, vieux, ancien » et qu'ils opposent à tout ce qui est moderne, actuel, tendance. Quant au futur, il fait moins l'objet de projets que de projections qui s'alimentent à la science-fiction et, bien sûr, aux jeux vidéo.

Jaurès, Alain et moi

Résumons : les élèves, sommés de tout découvrir par eux-mêmes et d'être créatifs, sont désormais démunis de tout. Le flou dans lequel on les immerge, année après année, l'à-peu-près dans lequel se déroule leur scolarité, les dissuadent de consentir le moindre effort. N'ayant jamais rien appris sérieusement, ils ne peuvent développer leur mémoire, ni, partant, fixer leur attention, se concentrer et, comme s'en plaignent amèrement leurs maîtres, ils zappent. Car il ne revient pas au même de se laisser fasciner par les images d'un jeu vidéo et de construire méthodiquement les rapports qui vous permettent de mémoriser une définition, un texte ou même une simple liste de mots. N'en déplaise à nos doctes, c'est pourtant là que l'esprit de l'enfant devient actif. Mais ces pratiques, naguère en honneur dans les classes, supposent de la part des instituteurs une humilité, une forme d'abnégation, que beaucoup jugent désormais au-dessous de leur condition, sans compter une instruction solide que, répétons-le, ni le lycée, ni l'université, ni, moins que tout, les IUFM ne dispensent plus. Désormais étrangers aux exigences les plus modestes de la rigueur intellectuelle, ils se contentent le plus souvent de surfer au long de formules toutes faites et se rabattent sur un enseignement minimaliste : des exercices à trous, des cases à cocher, des phrases à compléter d'un mot, des tâches encore plus formelles, plus mécaniques, moins substantielles que les travaux routiniers de la vieille pédagogie. Ainsi, génération après génération, la vigueur intellectuelle de toute une nation se rabougrit.

Le lecteur me permettra d'illustrer mon propos par une anecdote déjà ancienne. Je me souviens du désarroi qui me saisit, voici une quinzaine d'années, lorsque je me trouvai pour la première fois confrontée à cette situation, pour moi encore inédite, de zapping logique. J'avais noté en marge d'une dissertation : « Ce que vous écrivez n'a aucun sens. » L'élève vint me voir à la fin du cours pour me faire remarquer que « ça n'[avait] peut-être aucun sens pour vous », mais que lui, du moins, se comprenait. « D'accord, lui dis-je, mais que comprenez-vous ? » De quelque façon que je m'y prisse, je ne pus obtenir que cette seule réponse : « Moi, j'me comprends, quoi ! » Patiemment, je persévérai et décortiquai sa phrase pour tenter de lui montrer qu'elle était totalement incohérente, rigoureusement insignifiante, jusqu'au moment où la lumière se fit pour moi aussi : nous n'accordions pas au mot *comprendre* la même teneur. Etait « pour moi » sensée une phrase construite de telle sorte qu'elle était intelligible, pouvait être communiquée et discutée par tout un chacun, était sensé « pour lui », ce qui éveillait un écho (lequel, il fut désespérément incapable de me le dire), un affect, peut-être une vague réminiscence, tandis que l'exigence d'expliciter ce qu'il avait écrit lui paraissait, en toute bonne foi, exorbitante et hors de propos[1].

1. La même mésaventure vient de m'arriver à l'université. Convoquée par un groupe d'étudiants de licence (philosophie deuxième année) pour justifier mes notes trop basses, assommée par le verdict d'une jeune fille

Ainsi commençai-je à rejoindre la cohorte lamentable des dinosaures ronchons et sclérosés, dont les hérauts de la pédagogie moderne, un Foucambert, un Meirieu, attendent avec impatience qu'ils dévalent vers la retraite et s'en aillent terminer leurs jours dans quelque désert d'où ils vaticineront en vain. Pourtant je ne me sens pas si réactionnaire que ça. Par exemple, je n'épouse pas tout à fait les vues de Jaurès qui assignait à l'école pour unique tâche d'enseigner à bien lire, à lire absolument couramment, ni celles d'Alain qui entendait transformer les classes primaires en ateliers de lecture auxquels tout le reste, histoire, géographie, leçons de choses et même arithmétique, devait être subordonné. Mais il me paraît certain que l'apprentissage systématique de la langue française correcte, académique, scolaire, comme on voudra, et même littéraire, doit, comme le soutenaient ces auteurs, demeurer à l'école primaire la principale ambition. Sitôt que cet objectif est abandonné, l'unité du savoir s'émiette en d'innombrables « expertises » ou « compétences » particulières que l'on peut en principe, subdiviser à l'infini.

Certains instituteurs légitimement inquiets devant la multiplication des intervenants extérieurs, moniteurs de la sécurité routière, conteurs, spécialistes de langues étrangères ou régionales, qui dévorent leur emploi du temps, devraient pourtant comprendre qu'ils ont eux-mêmes ouvert la brèche, et se sont eux-mêmes discrédités. Refusant d'être des maîtres de langue, au bénéfice de fonctions mal définies, ils se

---

qui m'assène : « Finalement, vos notes, c'est votre subjectivité contre la nôtre », j'ai, après trois quarts d'heure d'explications, la surprise d'entendre cette étudiante me déclarer, avec les égards qu'exige mon esprit dérangé : « Mais, madame, vous ne voyez pas que le texte de Nietzsche, nous, on l'a compris, c'est juste qu'on ne sait pas l'expliquer. »

considèrent désormais, à leur propre détriment, comme des « personnes-ressources », des « gestionnaires de l'interactivité », des « médiateurs du groupe-classe » et encore Dieu sait quoi. Ainsi un jeune stagiaire auquel je reprochais de transformer son cours en club de loisirs me répondit qu'en effet son ambition n'était pas, oh, que nenni ! de « transmettre le savoir », mais que, pour permettre à ses élèves de « devenir acteurs autonomes de leurs apprentissages », il entendait demeurer en retrait et n'être rien de plus qu'une « boîte à outils ». Cette belle métaphore, communément utilisée par ses formateurs, l'avait touché au cœur. Elle était devenue l'étendard de sa dignité professionnelle, l'abri de son honneur, de sorte que malgré toutes mes remontrances, il s'y cramponna avec une humilité quasi sacrificielle et la modeste obstination de celui qui se sait appelé au service d'une cause sublime et méprisée.

Erreurs et fautes

Le rejet véhément des modèles et des normes qui brident de façon autoritaire la spontanéité des enfants et concentrent toute la ringardise de la tradition s'étend, bien sûr, des contenus aux méthodes et des méthodes aux outils par une attaque en règle contre les vieilles notes qui sanctionnent ou plutôt, sanctionnaient, les vieilles fautes. Bien avant que je n'aborde dans mon cours le point, ô combien délicat, du statut de l'erreur, mes élèves de première année ont déjà appris qu'ils ne doivent jamais, au grand jamais, sous peine d'être collés à leur concours, parler de faute. Car la faute stigmatise ; elle témoigne de la survivance de la morale judéo-chrétienne fondée, comme chacun sait, sur une culture de la culpabilité, elle entretient surtout l'idée funeste qu'apprendre pourrait être autre chose qu'un mécanisme ou encore qu'un processus, par exemple un acte libre, un effort qui engagerait un sujet et pourrait à l'occasion témoigner des défaillances de sa volonté ou de l'insuffisance de sa réflexion. Au lieu que de l'erreur, nul n'est responsable ; elle se produit comme un raté dans une chaîne de montage, elle ne relève pas d'une appréciation morale, n'appelle pas la correction qui suppose un retour de l'élève sur soi, l'aptitude à critiquer son travail en le rapportant à une règle mais, comme disent les pédagogues, une « remédiation », c'est-à-dire l'adoption d'une nouvelle « stratégie d'apprentissage » et le montage d'un nouveau comportement nommé « métacognition ». C'est pourquoi, là où les notes existent encore parce que des parents les réclament, on dilue leur signification et leur portée dans la catégorie générale d'évaluation. Ce glissement est bien sûr significatif ; la valeur de la note qui sanctionne un travail se voit relativisée au point de disparaître, la note sur dix ou sur vingt n'est plus que l'une des modalités possibles de l'évaluation qui ne soutient pas la comparaison avec les systèmes autrement sophistiqués concoctés par nos pédagogues, par exemple l'évaluation diagnostique, l'évaluation critériée, l'évaluation formative et, *last but not least*, l'évaluation formatrice.

On ne m'en voudra pas si je m'abstiens de faire une théorie générale de ces procédures. Il suffit, pour en dégager l'intention, de préciser que l'évaluation, à l'opposé de la note, a moins pour objet de vérifier ce que savent les élèves que de permettre à l'enseignant de contrôler son propre travail. Elle est l'indicateur de sa réussite (ou de son échec), l'outil grâce auquel il peut « interroger ses pratiques » et surtout procéder sans relâche à son autoévaluation. Tout correcteur au baccalauréat en a d'ailleurs fait la triste expérience : une moyenne trop basse n'indique pas que le malheureux n'a pas eu de veine, qu'il est tombé sur un mauvais lot de copies, rédigées par les mauvais élèves d'un mauvais lycée et qu'il ne lui reste d'autre consolation que de téléphoner à ses copains pour se plaindre ou se divertir des sottises qu'il doit avaler, mais que sa notation est trop sévère et qu'il doit « remettre en cause ses critères d'évaluation ».

On comprend donc que dès l'école primaire, les instituteurs, soumis à leurs chefs, les inspecteurs, hésitent à mettre de mauvaises notes et même de bonnes, puisque bonne ou mauvaise, aucune note n'est jamais vraiment citoyenne, sitôt qu'elle introduit entre les élèves ces inégalités qui sont les premières responsables de leur échec. Les professeurs des écoles se bornent donc, comme nous l'avons déjà dit, à déclarer devant le travail le plus désastreux que l'élève est « en cours d'acquisition » et, hop, le tour est joué. Les parents feignent d'être rassurés, les enseignants sont confortés dans leur conviction qu'ils n'ont pas, pour citer les propos d'une de mes étudiantes, d'« obligation de résultats mais des obligations de méthode », les enfants privés de sanction cessent de s'inquiéter de leur travail et deviennent indifférents ou plutôt intolérants à la plus légère critique. On les retrouve quelques années plus tard au lycée, ombrageux et chicaneurs, marchandant pied à pied leur moyenne, déchirant leur copie au nez de leur professeur et la jetant à la corbeille s'ils estiment avoir été mal jugés « pour le temps qu'ils ont passé ». Il est alors trop tard pour inverser le montage et les bacheliers, reçus à 80 % et plus encore, à proportion qu'ils fréquentent plus longtemps les manifs, finissent bon an mal an par s'échouer à l'Université où ils forment une masse inquiète, hargneuse, instable, revendiquante, toujours sur le pied de guerre et toujours prête à la contestation.

Ajoutons encore ceci : le ringard qui s'obstinerait à sanctionner des fautes, ne serait-ce que de pauvres petites fautes d'orthographe, à les considérer comme l'effet d'une ignorance ou d'une négligence condamnables, s'entendrait aussitôt rappeler par le chœur sacré des pédagogues que l'erreur est un moment « nécessaire » et « positif » de l'apprentissage, la preuve de l'initiative intellectuelle de l'élève, de l'originalité de sa démarche, bref, que l'élève à fautes est peut-être un génie en puissance, tandis que l'élève sans fautes n'est qu'un petit béni-oui-oui, un perroquet scolaire bien dressé. De plus, ayant remarqué que l'on se trompe parfois en apprenant, mes hardis collègues n'ont pas reculé devant cette conclusion forte : « C'est en se trompant qu'on apprend » ; de sorte que, rejetant la notion chrétienne et honnie de *felix culpa*, ils rehaussent leur dogmatique pédagogique d'une *error felix*. Gagnent-ils au change ? Ce n'est pas tellement sûr si l'on se rappelle que l'*error* désigne aussi l'égarement de l'esprit, l'aberration, le délire, la folie, et de plus la tromperie volontaire, le piège tendu à l'ennemi.

Les professeurs sont donc désormais empêchés de noter un travail à sa juste valeur. Lors des dernières années de mon enseignement au lycée, je finis malgré moi par mettre la moyenne à des devoirs qui, au début de ma carrière dans un établissement du fin fond du pays minier, n'auraient pas obtenu cinq sur vingt. Mais vingt ans après, la masse des mauvaises copies était devenue telle que, eussé-je conservé mes anciens critères de notation, les trois quarts d'une classe auraient oscillé entre zéro et quatre, les meilleurs ou moins mauvais élèves obtenant difficilement huit ou neuf sur vingt. Mon jugement aurait été dès lors invalidé par chacun, du proviseur à la plus niaise de mes bécasses (comment est-il concevable que toute une classe ait cinq de moyenne ?) et m'aurait attiré une telle hostilité que toute ébauche de travail eût été rendue impossible. Je dus donc, malgré moi, appliquer le système de notation imposé par mon Inspection, par le consensus de mes collègues et, surtout, par la masse de pression composée des élèves admis en terminale, quoiqu'ils fussent incapables de rédiger et, bien sûr, de raisonner[1].

1. Je viens malheureusement de constater que le même système prévaut à l'Université, du moins, dans la faculté de philosophie où je donne quelques cours. On remonte les notes de peur de perdre trop d'étudiants et de mettre ainsi en cause la survie du département.

Or, cette situation absurde, nocive pour tous les élèves, excellents, moyens et mauvais et, derechef, tout particulièrement désastreuse pour ces derniers, a désormais la force d'un fait accompli ; d'autant qu'elle s'appuie sur un nouvel acquis des sciences de l'éducation : la docimologie. « Qu'est cela ? » me demandera-t-on. Que nous apprend cette branche tard poussée du savoir ? Ceci : que les notes ne sont pas scientifiques et qu'elles manquent de justifications objectives. Le vieux dinosaure, par exemple, note encore comme il l'a appris dans sa jeunesse à partir de ses propres copies de lycéen, c'est-à-dire de façon intuitive et synthétique. Son but est de soumettre les élèves, favorisés ou non, à une même discipline, d'exercer leur discernement, de subordonner leur amour-propre à la reconnaissance de règles, de les amener à se distancier de leurs travaux au point de parvenir à les juger objectivement en s'appuyant sur les exigences qui sont, pour le temps nécessaire à l'apprentissage, celles mêmes de leurs professeurs. Une note et les annotations qui la justifient, transmises d'une génération à l'autre, permettent, ou plutôt permettaient aux plus jeunes de se former aux modèles légués par les générations qui les avaient précédés. Ajoutons encore que ces vieux modèles n'étaient pas transparents dans toutes leurs parties. Indiqués, suggérés, esquissés plutôt qu'explicités, ils soutenaient l'intuition des élèves, laissant à leur intelligence un peu de chemin à parcourir et le soin de découvrir une partie des raisons auxquelles on entendait l'initier. Ce système, au contraire de ce que les sociologues nous cornent aux oreilles, ne favorisait pas les élèves de milieu favorisé, qui auraient été seuls capables de distinguer, par la grâce de leur héritage bourgeois, les exigences implicites du correcteur. Peut-être parce que tous les enfants de riches ne sont pas intelligents et que certains enfants de pauvres le sont ; en second lieu parce que tout au long de la scolarité, on prenait grand soin de distinguer entre les exercices d'application qui vérifiaient les connaissances acquises (telles étaient les questions de cours du baccalauréat) et les sujets qui sollicitaient une plus grande liberté, de sorte que les épreuves ne pénalisaient ni les élèves modestement doués, sitôt qu'ils étaient appliqués, ni ceux qui, plus brillants ou plus originaux (favorisés ou non), se révélaient capables de l'initiative intellectuelle requise par de plus fortes études.

Mais nos vieux maîtres avec leurs vieilles notes ont été discrédités par les docimologues. Ceux-ci ont établi scientifiquement que les notes étaient arbitraires, qu'elles variaient d'un correcteur à l'autre, ce dont personne sans eux ne se serait jamais avisé. Dès lors, foin des scandaleux demi-points (interdits au bac) et des quarts de point, armes tatillonnes de la réaction pédagogique, et vivent les nouvelles évaluations qui défèrent aux critères les plus pointus de la scientificité. On s'indignera encore un coup : « Mais alors, vous préférez l'à-peu-près, les notes à la tête du client, l'injustice ? » Voilà justement le point : les notes doivent-elles être *justes* ? Et en quel sens ? Ce que les docimologues et leurs émules présupposent avec leurs cauchemardesques « grilles d'évaluation », c'est l'équivalence entre l'exactitude et l'objectivité, puis entre l'objectivité et la justice. Mais ces équivalences existent aussi longtemps qu'on en reste à des exercices d'application *stricto sensu*, à des contrôles de mémoire : on a tant de points par question, c'est juste ou faux. Elles ne collent plus sitôt que l'on demande à l'élève de faire preuve d'initiative ou de « s'approprier les savoirs », ce qui suppose une inventivité, une audace intellectuelle, osons le mot cent fois maudit, une intelligence, que seul le professeur est à même d'apprécier. Enfonçons encore un peu le clou : toute note est nécessairement subjective, au moins pour une part, puisqu'elle résulte d'une libre synthèse opérée par le professeur qui estime les qualités et les défauts d'un travail singulier où se trouve également engagée la subjectivité de l'élève. Cependant, une note subjective n'est pas pour autant arbitraire ni injuste aussi longtemps que celui qui l'attribue dispose des connaissances adéquates, partant sait ce qu'il doit noter et pourquoi. Quant à sa valeur formatrice, elle n'est pas davantage fonction de son exactitude mais du modèle suggéré par les critiques ou les éloges dont un travail fait l'objet. Il importe donc très peu de savoir si le professeur est *juste* ou non. Les adolescents apprennent vite à faire la part du feu ; ils savent que tel note sec, que tel autre est indulgent et ils intègrent ces variables dans leur propre appréciation.

Ces remarques de simple bon sens ne devraient pas même être mentionnées si elles ne nous enseignaient ceci : les élèves et parfois leurs parents considèrent aujourd'hui l'évaluation non comme la sanction d'un travail mais comme sa rétribution. C'est pourquoi toute note peut faire l'objet d'une négociation, et toute mauvaise note paraît à celui qui la reçoit moins infamante que scandaleuse. L'ancienne humiliation du mauvais élève n'a pas totalement disparu ; elle subsiste encore à l'état de trace, mais loin de l'incliner à la modestie, elle l'incite à la revendication qui occulte le sentiment de son insuffisance et lui confère l'illusion d'un nouveau statut « citoyen » grâce auquel il se croit désormais émancipé de la sujétion de l'écolier.

Il est d'ailleurs aisé de comprendre que dans une société où chacun s'inquiète avant tout de ses droits et cherche dans la revendication le principe de sa légitimité, l'exigence scolaire, qui impose aux enfants un carcan de devoirs, soit en son principe inacceptable et doive impérieusement être contestée. Il n'est pour s'en convaincre que de constater l'hystérie qui s'empare chaque année de la société française à la veille des épreuves tant redoutées du baccalauréat, la sollicitude dont on entoure les « jeunes », les conseils que les médias leur dispensent, ainsi qu'à leurs parents, pour comprendre que la signification de l'épreuve s'est inversée. Ce n'est plus aux adolescents que l'on demande de faire leurs preuves mais au système éducatif, comptable en principe de toutes les faillites, non seulement aux yeux des élèves mais à ses propres yeux, ce qui conduit encore une fois ses responsables à revoir systématiquement à la hausse les notes des candidats. Les présidents de jurys, les recteurs et les inspecteurs exercent donc une pression toujours plus grande sur les examinateurs lors de « réunions d'harmonisation », d'autant plus nécessaires que la nature des épreuves n'est plus destinée à vérifier un savoir mais, dans la plus grande mesure possible, à éviter l'échec. Ainsi le bac est-il devenu le SMIC, ou plutôt le RMI des lycéens, le droit scolaire inaliénable, celui qui couronne la revendication de la réussite pour tous. Ceux qui y échouent malgré toutes les précautions possibles sont alors déchargés de leur responsabilité et tenus pour les victimes d'un système qui n'a pas encore été suffisamment démocratisé.

Cécité

Cependant qui va me croire ? Peut-être quelques collègues de mon humeur qui ont connu les mêmes expériences que moi. Mais les autres ? Tous les autres auxquels je crie : « Ça suffit ! Assez de stupidités ! Assez de catastrophes ! Réveillez-vous ! Cessez de détruire les enfants ! De vous repaître de chimères ! Ouvrez enfin les yeux ! » Ceux-là, je le sais, passeront leur chemin sans avoir rien vu. Et pourquoi ? Dieu du ciel, pourquoi ? Ne vivons-nous pas, eux et moi, dans le même monde ? « Pas du tout ! (me répondront-ils) ; justement, le monde a changé. Celui dont vous vous réclamez n'est plus. Comprenez-le une bonne fois, il n'en reste rien. Et les élèves, comme vous le déplorez, ont changé eux aussi. Ils ne lisent plus ? C'est un fait ! Ils sont accros à leurs jeux vidéo, à leurs chats, à leur MP3 ? Déplorez-le tant que vous voudrez, vous n'y changerez rien. Votre temps est passé, ils sont du leur. Pourquoi le leur reprocheriez-vous ? Ce temps vous déplaît ? Vous en serez bientôt délivrée. Dans l'intervalle, souffrez que nous adaptions l'enseignement aux élèves tels qu'ils sont et non tels que votre nostalgie les accommode.

Au reste qu'y a-t-il d'absurde à soutenir que l'enseignement de la littérature, les textes que l'on propose doivent être intelligibles et intéresser, si faire se peut, nos ados ? Rousseau lui-même ne dit-il pas cela ? Son Emile attend douze ans pour lire *Robinson Crusoé*, vingt ans avant de découvrir les *Aventures de Télémaque*, hormis cela il n'a rien lu. Eh bien, vos élèves non plus ! » Et encore : « Comment feriez-vous expliquer *Esther*, *Athalie*, *Polyeucte* à des élèves totalement ignorants de l'Ancien comme du Nouveau Testament ? Qui confondent "carême" avec "ramadan" et croient que "crucifix" est le nom d'un tournevis cruciforme ? Pourquoi s'attarder à *Le Cid* ou même à la *Chanson de Roland* alors que le point d'honneur et la bravoure (du moins, loin de la Chine) ne signifient plus rien, sans compter que ça choque la sensibilité de nos élèves musulmans ! »

Et encore : « N'est-il pas également légitime, au contraire de tout ce que vous nous déblatérez, de vouloir rendre les enfants acteurs de leurs apprentissages ? Bien sûr cette expression tournée en ritournelle est devenue ridicule. Mais est-il faux de soutenir que la pédagogie d'avant faisait la part trop belle à la mémoire et que bien des enfants, ne parvenant pas à se servir de ce qu'ils avaient appris, portaient toute leur vie un carcan de savoir qui leur demeurait étranger ? De même, n'est-il pas souhaitable d'assouplir la discipline trop rigide de tant d'instituteurs qui régnaient sur leurs élèves, comme ils le disaient volontiers eux-mêmes, par le regard ? Et puisque nos autorités politiques ont depuis peu substitué la "gouvernance" au gouvernement, ne faut-il pas aussi bien construire, lors de débats démocratiques avec les enfants, le plan de leur éducation, favoriser entre eux la libre coopération, ou même les habituer au *self-government* et les nourrir ainsi au bon lait des "conduites citoyennes" ? De sorte que malgré tous ses excès, toute sa cuistrerie et tous les autres défauts que vous mettez tant d'empressement à souligner, la pédagogie moderne est au bout du compte bien orientée, mieux, dans tous les cas, que les réactionnaires de votre espèce, nostalgiques, non pas même d'un temps révolu, mais d'une chimère qui jamais n'exista. »

La charge est terrible, je l'avoue, et rejette dans l'insignifiance tous les petits désastres dont je suis, semaine après semaine, le témoin têtu et désolé : des cahiers dégoûtants, des classeurs informes, des enfants de onze ans ignorant ce qu'est un article ou un nom et jusqu'au sens du mot « grammaire », au vocabulaire misérable, à l'orthographe évaporée, incapables d'apprendre une leçon ou même de se tenir assis sur leur chaise, n'ayant jamais de leur vie récité un poème. Je sais pourtant bien tout cela, je le vois, j'en souffre mais, me rétorque-t-on, est-ce tellement important ?

Et puis les objections que l'on me fait m'intimident pour une autre raison encore. Je les sens pénétrées de l'atmosphère démocratique dans laquelle nous respirons, formées de la substance démocratique dans laquelle nous vivons et pensons, porteuses de toutes les comminations citoyennes de notre modernité, de sorte qu'elles jouissent d'une légitimité *a priori* qui forme un obstacle presque insurmontable à leur discussion. Sitôt que l'on admet, en effet, avec tous les bons auteurs, que la démocratie moderne abolit les distinctions qui séparent les hommes pour les réduire au plus petit dénominateur de leur commune humanité, qu'elle ne se borne pas à poser autrui comme mon semblable mais voit en n'importe lequel d'entre nous « la forme entière de l'humaine condition », les écarts, les différences, les dénivellations que mobilise tout effort d'instruction deviennent scandaleux. Nous rejetons la distance de l'élève au savoir, de l'élève au maître, et la différence des élèves entre eux. Et puisque le but de notre école moderne est de brancher l'enfant sur son humanité, le long détour par les humanités ou, comme dit Rousseau, par « les mots » devient oiseux et la langue des classiques, un idiome barbare.

Sans doute est-ce pourquoi tant de mes collègues qui constatent chaque jour en même temps que moi tout ce qui m'offusque se trouvent frappés de cécité devant la catastrophe que leur dogmatique engendre. Ce qui me hérisse leur indiffère et sans doute n'ont-ils pas tout à fait tort lorsqu'ils me reprochent d'idéaliser ce qu'ils nomment l'« école de la République » à laquelle ils opposent l'« école démocratique » ou l'« école d'aujourd'hui ». L'illusion d'optique joue d'ailleurs dans les deux sens ; je vois les réussites éclatantes de la vieille école : Péguy, Camus, Jean Guéhenno, Louis Guilloux, Jean Toussaint Desanti qui, dit la légende, faisait retentir les couloirs de la Rue d'Ulm du bruit de ses sabots, et l'on m'objecte tous ceux, des millions, qui ne purent dépasser le rudiment, furent humiliés par leurs maîtres et parvinrent à l'âge de la conscription en oubliant le peu qu'ils avaient appris. Je me dis alors que je ne suis peut-être pas suffisamment démocrate. J'aime trop la langue, la précision, la discussion (après tout, c'est mon métier) et les *success stories*. Rien ne me paraît plus touchant, plus foncièrement humain qu'un enfant qui tâche à régler son expression et sa pensée sur les grands modèles dont ses maîtres sont pénétrés ; rien, dans mon métier, ne m'a donné plus de contentement que ce moment du mois de mars où un premier groupe d'élèves sautait le pas et, après avoir longtemps battu la campagne, me rendait des dissertations nickel, trois paragraphes et trois parties, la problématique enfin clairement dégagée, et je déclare par avance à tous mes ricaneurs qu'ils ignorent ce qu'est le mouvement d'une pensée qui tâtonne avant de trouver ses premières prises et de prendre son élan.

Pourtant que leur répondrai-je lorsqu'ils pousseront leur attaque sur un autre front et m'objecteront ceci : « Non seulement vous n'avez toujours pas admis, depuis tant d'années, la nécessaire démocratisation des savoirs, mais vous ne voulez pas comprendre que les tâches de l'école ont foncièrement changé, qu'elles dépassent, et de loin, la simple transmission des connaissances, qui est depuis longtemps devenue une activité subsidiaire. Car nous entendons aujourd'hui initier nos élèves aux nouveaux savoir-faire, et plus encore aux nouveaux savoir-être » ? « Nous sommes (disent-ils toujours) au défi d'une *demande sociétale forte* : intégrer les exclus, les défavorisés, inventer les règles d'un nouveau *vivre ensemble.* (Ah, comme cette expression me plaît !) Bref, vous nous parlez de Péguy, Camus et Dieu sait qui encore, alors que nous voulons innover, inventer une nouvelle école pour les nouveaux *usagers*, en vue d'une nouvelle démocratie. » Laquelle ? « Eh bien, laissez-nous le temps de conduire nos expérimentations pédagogiques jusqu'au bout, de les approfondir et de les élargir, de porter le fer démocratique *au cœur* de votre vieille école, et alors, vous verrez ! »

Technè

On ne saurait comprendre comment ces théories ont pu trouver le plus petit crédit, si l'on ignore à quelle profondeur les sciences humaines, dont se réclame désormais la pédagogie, ont pénétré l'esprit de l'enseignement. Les vieux instituteurs, les maîtres austères et ronchons se souciaient eux aussi, après tout, d'alléger le travail de leurs élèves. Ils ne composaient pas une horde de sadiques maniaques, le cœur racorni, le cerveau atrophié et la férule à la main. Ils encourageaient les enfants avec des bons points, des images, des médailles, parfois même des sucreries ; ils tentaient de leur rendre, dans la mesure du possible, la tâche attrayante, d'adoucir la rigueur de leurs leçons par quelque plaisanterie aimable. Mon professeur de latin, par exemple, ne manquait jamais de nous rappeler que Cicéron vient de *cicero* qui veut dire « pois chiche » et que ce sobriquet s'expliquait par une verrue qui affligeait le visage du grand orateur ; ayant ainsi égayé sa leçon et payé tribut à nos enfances, elle retournait bien vite à sa sévérité ordinaire de crainte que nous ne fussions tentées de nous émanciper. Mais aucun maître, même le plus féroce (car il en existait alors tout comme aujourd'hui), n'aurait imaginé pouvoir se glisser dans l'esprit de ses élèves pour le « gérer » à sa guise, tandis que cette prétention est devenue la justification suprême de la pédagogie. Ainsi, comme il y a un art ou un design postmoderne, il existe désormais une pédagogie postéducative qui se réclame de la « gestion mentale » et considère, à l'exemple du grand Staline, que les hommes ou, pour ce qui nous intéresse ici, les enfants, sont de petites vis qui doivent entrer dans les petits trous préparés par les projets pédagogiques nouveaux. La démocratisation de l'enseignement, la fameuse réussite pour tous, est à leurs yeux le corollaire d'un apprentissage programmé, de « kits » prêts à monter que les pédagogues attendent des psychologues, en quelque sorte clés en main. Les sciences de l'éducation entendent ainsi décomposer les opérations de la pensée en une suite de bits ou d'items dont chacun doit faire l'objet d'un entraînement particulier jusqu'au moment où, mis bout à bout, ils produiront chez l'élève la compétence recherchée.

Les instituteurs proches de la retraite se souviennent sûrement de la faveur dont jouit, durant les années soixante-dix, la « pédagogie par objectifs ». Il fallait alors subdiviser chaque tâche en ses opérations constituantes. Ainsi, puisque nous lisons en français de gauche à droite, on ne parla plus que de « latéraliser » les enfants, latéralisation qui constituait un « prérequis » indispensable à l'apprentissage de la lecture ; de même, puisque nous nous servons d'un « outil scripteur » pour écrire, il ne fut question, durant les trois années de maternelle, que d'assurer la maîtrise du « geste graphique » et de développer la « motricité fine », encore à l'honneur de nos jours. On se mit donc à multiplier les *supports* sur lesquels on entraînait les élèves, un tableau, un chevalet, de grandes ou de petites feuilles diversement inclinées, sur lesquelles ils devaient s'exercer à tracer de grands cercles, puis de plus petits, au pinceau, au feutre, au fusain, au crayon, en partant du centre de la feuille ou de sa périphérie, avec des « gestes amples », quelques moulinets de bras qui permettaient d'« appréhender synthétiquement le schéma corporel dans sa spatialité », encore plus fort, sa *spatialisation*, pour descendre par après jusqu'à de minuscules gribouillis.

On se doute que ces activités savamment théorisées étaient dénuées de sens pour les enfants puisqu'elles n'étaient ni de l'écriture, ni de la peinture, ni du dessin, d'un mot, rien que l'on pût comprendre ou connaître. Mais elles devaient éviter la page de copie, trop scolaire, et la reproduction déshonorante des « a », des « i », des « f » et des « w » que les écoliers de naguère, asservis aux modèles de la vieille pédagogie, recopiaient (passivement) entre deux lignes de leurs cahiers. Bien entendu, la décomposition du « geste graphique » n'assura pas la maîtrise d'une plus belle main, non plus que la multiplication des exercices préparatoires à la lecture n'en facilita l'apprentissage. Il n'empêche ! On persévéra et l'on décomposa encore un peu plus, de sorte que les tâches auxquelles on soumit les enfants versèrent à l'occasion dans une absurdité vraiment ahurissante. Ainsi me trouvai-je un jour conviée à une séance d'« éducation sensori-motrice » au cours de laquelle des élèves de cinq ans devaient sauter dans des cerceaux posés au sol, tout en agitant des chiffons de couleur au rythme de je ne sais plus quelle musique. La séance d'écoute active (on dirait aujourd'hui « interactive ») achevée, les petiots devaient transposer « leur ressenti kinétique dans l'espace graphique », c'est-à-dire dessiner ou peindre ce qu'ils avaient « vécu ». Comme il s'agissait d'une expérimentation pédagogique de gala qui avait lieu en présence des inspecteurs de l'enseignement primaire, conseillers pédagogiques et autres maîtres formateurs, et que toute cette pédantesquerie, toutes ces faces de carême, toutes ces attitudes compassées, tout cet esprit de sérieux, toute cette kermesse pédagologique me portaient sur les nerfs, j'eus l'idée d'interroger une petite fille. « Qu'est-ce que c'est que ça ? » lui demandai-je brusquement en pointant un gribouillis sous le nez du bonhomme qu'elle venait de colorier. « Une morve », me répondit-elle de sa claire petite voix. S'ensuivit dans les rangs un silence outragé. J'avais terni l'innocence, insulté le chœur sacré des pédagogues et introduit le scandale en son sein.

On voit par là, et je pourrais multiplier les exemples de ces âneries jusqu'à en rendre malade mon lecteur, que les pédagogues, comme tous leurs frères en idéologie, sont inaccessibles au bon sens, insensibles aux démentis de l'expérience. Sitôt qu'ils se sont entichés de quelque nouveau dada, ils n'y peuvent plus renoncer et badigeonnent jusqu'à plus soif de nouvelles extravagances sur leurs anciennes folies[1].

C'est ainsi que la pédagogie par objectifs a été remplacée par la « pédagogie de projet » dont on attendit une nouvelle fois qu'elle donnât du sens aux apprentissages, le béhaviorisme par le cognitivisme, puis par le néo-cognitivisme, puis par le constructivisme, puis par le socio-constructivisme ou par la gestion mentale, toutes choses qu'il ne convient pas d'exposer à des regards profanes mais qui génèrent des *learning programs* et des *training cognitifs*, lesquels s'apparentent plus ou moins, dans l'esprit des psychopédagogues qui les inspirent, à la programmation d'un ordinateur. Ainsi, nos maîtres, s'étant persuadés que « c'est en faisant qu'on apprend », ont substitué la manipulation à l'explication et ne songent plus désormais qu'à transformer leurs élèves en

1. Philippe Meirieu, par exemple, contraint de se rendre à l'évidence – par lui-même longtemps niée – de l'effondrement des compétences orthographiques des écoliers, propose tout bonnement une réforme du français écrit qui en ôtera les difficultés.

autogestionnaires de leurs « stratégies d'apprentissage ». Connaissance et réflexion doivent désormais être « déconstruites » au bénéfice de « savoir-faire », c'est-à-dire de la manipulation d'informations devant lesquelles tous sont en principe égaux. La pédagogie moderne, si elle ne parvient à réaliser aucun de ces buts, permet en revanche une économie psychique considérable qui est moins l'économie de l'effort que celle de la pensée.

Car les vieux exercices, en mettant les élèves au défi de maîtriser des formes de savoir, de raisonnement, d'expression qui, en un premier temps, les dépassaient, introduisaient un dénivelé dans la conscience de chacun. Un élève qui traduisait Cicéron, expliquait César ou Racine se mesurait à plus grand que soi. De plus, ces exercices l'éloignaient pour un temps, par la tension d'esprit qu'ils exigeaient, de ses intérêts immédiats, le désolidarisaient de l'acquiescement paresseux à son expérience, introduisaient entre soi et soi la médiation d'une noble langue, de sentiments généreux, de grandes pensées. La fréquentation exigeante des œuvres littéraires qui commençait dès l'école primaire donnait aux élèves la conscience d'une certaine hiérarchie des formes et des intérêts de l'existence humaine. D'un mot, on éduquait les enfants en les instruisant au-dessus d'eux, tandis qu'on ne souhaite rien tant aujourd'hui que de les maintenir au plus près de ce qu'ils sont ou de ce qu'ils sont censés être. Tout, dans la forme comme dans le fond de ce qu'ils étudient, les cantonne à ce que l'on suppose arbitrairement être leur vécu, leurs *représentations* que les instituteurs doivent, comme on le leur apprend à l'IUFM, « faire émerger », de façon qu'ils ne s'écartent jamais du proche, de l'utile et du quotidien, et que leur développement intellectuel aille, pour ainsi dire, de soi à soi. L'ambition des pédagogues se limite donc à assurer la maîtrise et la manipulation de procédures techniques qui, en se substituant à la réflexion, permettent l'économie de l'intelligence, chose certainement très obscure, difficile à concevoir et de plus, comme chacun le sait, facteur d'inégalité, de sorte qu'il vaut mieux ne pas trop s'y intéresser et surtout ne la mentionner jamais.

Une conséquence curieuse de ces innovations est la patience ou, faut-il dire, la tolérance nouvelle des professeurs face aux difficultés d'apprentissage de leurs élèves. On se souvient peut-être que les vieux instituteurs étaient tenaces, qu'ils sévissaient, privaient les enfants de récréation, les retenaient après la classe pour leur faire recommencer un travail raté parce qu'ils se sentaient comptables de leurs progrès. Le nombre d'élèves reçus au certificat d'études, admis en sixième, valait pour eux point d'honneur, sans compter qu'un bon instituteur jouissait de l'estime générale dans le petit monde de son village ou de son quartier, tandis que je suis frappée aujourd'hui de l'indifférente nonchalance de tant de maîtres. Sont-ils paresseux, faits d'un moins bon matériau, ont-ils été génétiquement modifiés ? Peut-être pas ! Mais l'illusion de la puissance technique leur a ôté le sentiment de leur responsabilité. Tout leur effort, toute leur attention portent désormais sur les « dispositifs pédagogiques », non sur les résultats et bien souvent, quand ils ont usé des recettes conseillées par leurs formateurs, ils se tiennent quittes et abandonnent Kévin ou Sonia après les avoir déclarés « en difficulté ».

Ainsi la pédagogie en vient-elle à jouer le rôle d'un mécanisme de défense qui évite au maître d'aller au charbon, de s'impliquer dans sa classe et de s'exposer lui-même à l'inquiétude d'un savoir trop court, faute de quoi il ne saurait pourtant y avoir de progrès, même le plus modeste, dans la maîtrise du métier. D'après ce que je peux voir, les enseignants d'aujourd'hui ne sont ni plus ni moins indulgents ou compréhensifs que leurs aînés dans leurs rapports personnels avec les enfants, mais ils sont bien moins exigeants sur les connaissances et le travail. Et encore beaucoup (pas tous !) ne demandent plus rien du tout, moins par indolence que parce qu'ils ignorent ce qu'ils pourraient bien exiger. L'essentiel de leur effort ne s'applique plus à la transmission des connaissances ou, comme ils le disent à la suite de leurs maîtres, les formateurs d'IUFM, des « contenus disciplinaires » mais à la « gestion » des divers segments techniques de leur métier, comme si le rapport entre moyens et fin s'était inversé et que les artifices de la pédagogie, la didactique des disciplines fussent devenues le but suprême de l'enseignement.

D'ailleurs, les rapports de visite que rédigent les divers formateurs IUFM ne louent plus l'intérêt, la clarté, l'aisance d'une leçon, non plus qu'ils ne soulignent ce que les enfants en ont retenu. Ils évaluent la « gestion du tableau », l'« affichage dans la classe », la « mise en place de groupes de remédiation », ou l'« utilisation de l'outil informatique » ; ils s'interrogent sur l'« organisation du cahier-journal », le « positionnement au regard des compétences des professeurs des écoles », ou bien encore l'« aptitude à préserver l'égalité et l'équité entre les élèves ». Quant à la valeur des connaissances transmises, quant à la qualité syntaxique et stylistique de la leçon, quant aux progrès des enfants dans le savoir ou dans le raisonnement, peu leur chaut. Ainsi le savoir-faire s'est désormais entièrement subordonné le savoir ; tel un lierre, il s'est répandu sur toutes ses parties, l'a enserré de ses branches parasites jusqu'à le mortifier et, pour finir, a détourné à son profit la dignité qui lui était naguère réservée. Le cours de cette évolution pourra-t-il jamais être inversé ?

Je n'en sais rien et je dois confesser qu'il m'arrive souvent d'en douter. Mais je signale chaque fois que je le puis ce dévoiement et les remèdes que je crois propres à redresser ce qui peut encore l'être avant de confier l'avenir de notre instruction à la garde de l'Esprit-Saint.

Remarquons encore ceci : l'idolâtrie techniciste, la substitution des techniques pédagogiques à la transmission du savoir qui a ravagé tout notre système d'enseignement, bien au-delà de l'école primaire, a rendu les maîtres patients parce qu'ils croient désormais se trouver vis-à-vis de leurs élèves dans la position du technicien face à la machine qu'il programme. La machine n'a pas d'être moral, elle ne pense pas, elle ne commet pas de fautes, et si la production est insatisfaisant, c'est qu'elle a été mal programmée. Il serait donc vain de la punir ou de la gronder ; on doit simplement chercher les procédures propres à corriger ses mécanismes défectueux, soit ce que mes collègues nomment les « remédiations » adéquates.

Une fois encore, je m'arrête au mot. Un remède agit sur un être vivant qui lui préexiste et qu'il tente d'influencer ou, dans le meilleur des cas, de rétablir dans ses fonctions. C'est donc un adjuvant dont l'usage comporte, le plus souvent, des effets aléatoires, des conséquences imprévisibles, une marge d'erreur, ce qui justifie les précautions et mises en garde qui accompagnent son emploi, tandis que la remédiation telle que l'entendent nos pédagogues porte sur un mécanisme, en l'occurrence, un « mécanisme cognitif » qu'il convient de « gérer » ; elle se suppose donc toute-puissante. Mais où va-t-elle appliquer sa puissance ? Eh bien, au faire, aux *praxis*, aux processus qu'elle prétend pouvoir observer, codifier ou modifier. Il ne s'agit plus même alors, selon le mot célèbre de Durkheim, de « traiter les faits humains comme des choses », mais d'envisager les hommes eux-mêmes comme de la matière neuronale dont les pannes doivent pouvoir être réparées par ceux-là mêmes qui en sont affectés grâce à la « médiation » d'activités idoines et de professionnels compétents. Cette thèse a beau être ridicule et, au fond, révoltante, les pédagogues la reçoivent comme le fin du fin et la chérissent comme la preuve de leur modernité. Pourquoi ? Sans doute parce qu'elle accrédite un désir de maîtrise rarement absent de l'esprit des éducateurs et tend un miroir complaisant à leur narcissisme. Cependant, croire que nous pouvons « gérer » autrui – et que ne doit-on « gérer » aujourd'hui ? les élèves, c'est entendu, mais aussi bien nous-mêmes, notre mémoire, notre carrière, nos relations, notre « stress », nos amours et jusqu'à nos parcimonieux plaisirs – n'est rien d'autre que la suite du contresens éthique par lequel, nous tenant pour notre propre création, ou plutôt, pour notre produit, nous entendons jouir de nous-mêmes sans entraves et considérons tout ce qui traverse cette fantaisie comme l'expression d'une anomalie ou d'un scandaleux dysfonctionnement. Ainsi les théories de la gestion mentale, si elles ne se soucient guère de leur efficacité, traduisent-elles un désir de puissance tyrannique implanté au lieu même de notre liberté.

Psychologie

Que je rassure mon lecteur, cependant. Nous ne sommes pas encore tout à fait sortis de l'humanité ; les fantaisies des psychopédagogues causent des dégâts considérables en privant les enfants de connaissances rationnelles, en les désorientant intellectuellement, mais, du moins, elles échouent. Je les observe faire les unes après les autres long feu (en gros tous les trois ou quatre ans) et la psychologie elle-même qui est l'ultime caution des pédagogues, de leurs inventions ou, si l'on veut, de leurs délires, ne peut pas se réclamer de grand-chose non plus pour asseoir son crédit. En cent ans d'existence, elle n'a pas réussi à s'affirmer comme une science autonome et doit toujours s'étayer sur quelque autre discipline, mieux assurée de ses méthodes et même, de son objet. La psychologie comportementale qui, la première, accrédita l'espoir d'une éducation scientifique, emprunta tout ensemble à la mécanique, à la physiologie de l'arc réflexe, puis, dans ses versions plus sophistiquées, à la cybernétique ; la théorie de la forme, de toutes les psychologies, la plus sympathique parce qu'elle admet de la vie, de la spontanéité, du mouvement, pense la vie psychique sur le modèle de la biologie. Enfin les sciences cognitives, tout particulièrement à l'honneur dans les IUFM, ne sont rien d'autre qu'une ingénierie de l'intelligence éclairée désormais (si l'on peut dire !) par les recherches sur l'intelligence artificielle.

Bien sûr, nul n'est obligé de me croire, particulièrement s'il oppose les immenses bibliothèques, les laboratoires de psychologie expérimentale, les innombrables et pléthoriques départements universitaires (que l'on pourrait sans beaucoup d'inconvénient supprimer) à mes faibles remarques. Qu'il considère alors qu'en un siècle, la psychologie scientifique n'a pas découvert une seule loi, et tout particulièrement qu'elle n'a pas autorisé un seul progrès en pédagogie (deux cent mille adolescents continuent de quitter chaque année le système scolaire sans avoir même appris à lire), ni dans les relations des enseignants avec leurs élèves, où l'on continue de rencontrer la même proportion de bonne volonté tâtonnante, de dévouement, mais aussi d'indifférence, de négligence ou de brutalité que par le passé, aggravées, ne nous lassons pas de le répéter, par l'ignorance croissante des enseignants. La psychologie est tout aussi vaine lorsqu'il s'agit de remédier aux maux sociaux, par exemple la prévention des divorces, de la toxicomanie, des affections psychiatriques (5 % de plus chaque année en France), la violence gratuite des jeunes (plus 7 % entre 2005 et 2006) ou même l'éducation des enfants qui sont de plus en plus nombreux à dérailler de plus en plus tôt. Mais les tests ? m'objectera-t-on. Certes, nous savons calculer un QI, évaluer les aptitudes psychotechniques d'un aiguilleur du ciel ou d'un conducteur de TGV et les psychologues formés à l'interprétation des tests de personnalité trouvent à s'employer dans les centres médico-psychopédagogiques, les bureaux de recrutement ou bien auprès des DRH. Ils fournissent également aux magazines féminins des questionnaires palpitants : « Aimez-vous les femmes ? » « Quelle amante êtes-vous ? »

Ou bien : « Sachez ce que vos armoires révèlent de votre ego. » Ils conseillent ou déconseillent, selon l'humeur du moment, le co-sleeping incestueux : « Partager vos nuits avec vos enfants ? » Soutiennent les parents des ados en difficulté : « Que faire quand il passe aux drogues dures ? » Ou bien encore : « Faut-il lui permettre d'aller aux rave-parties avec ses copains ? » Et même, comme on l'a vu lors du procès d'Outreau, certains spécialistes de psychologie clinique trouvent un emploi comme experts auprès des tribunaux. Mais j'arrête là ! Je ne veux pas jeter l'opprobre sur une profession dont nos sociétés font un si grand usage, sur des spécialistes à bac plus cinq, plus huit ou plus dix. Revenons plutôt à nos marmots et d'abord à leurs maîtres, pour comprendre comment leur foi en la psychologie est parvenue à les égarer.

La psychologie et les psys leur en imposent, répétons-le, parce qu'ils prétendent expliquer ce qu'ils aimeraient bien savoir : comment fonctionne l'esprit humain, ou bien au moyen de quels mécanismes l'élève comprend et apprend. Certains de mes étudiants, par exemple, se persuadent que si je m'obstine à ne rien leur dire de ce qu'ils voudraient tant apprendre, c'est que je réserve pour ma jouissance particulière quelque ultime et merveilleux secret, le Saint-Graal du cognitivisme, du constructivisme ou bien des neurosciences, et j'ai le plus grand mal à les convaincre que l'idée d'une psychologie de la connaissance est, dans son principe même, une contradiction. Faute de pouvoir les en persuader, j'entreprends mon complaisant lecteur auquel je déclare fermement ceci : tout apprentissage suppose que l'esprit élabore les raisons nouvelles, celles-là mêmes qu'exige un savoir nouveau, de sorte qu'aucun « mécanisme cognitif » déjà acquis ne pourra jamais suppléer l'effort de l'esprit qui s'élance dans l'inconnu. Chacun, au reste, sait d'expérience que l'intelligence naît tout soudain, en transcendant d'un coup les tâtonnements antérieurs ; la compréhension se produit en un éclair ou, comme dit Descartes, *uno intuitu*, et c'est alors seulement que l'on devient capable d'expliciter, non pas le cheminement psychologique que l'on a suivi et qui nous demeure caché, mais l'ordre objectif, universellement communicable, des raisons. Ce point se vérifie aussi bien pour un grand savant que pour un petit écolier. Ni l'un ni l'autre ne « gèrent » leurs découvertes, ni l'un ni l'autre ne trouvent quoi que ce soit en se branchant sur leurs circuits cognitifs, comme le recommandent les apôtres de la métacognition. Grands ou petits, nous sommes tous logés à la même enseigne. Non seulement notre réflexion cristallise en un éclair, sans qu'on puisse la dériver de rien, sinon de connaissances déjà acquises, mais les bonnes idées qui nous viennent nous visitent comme des hôtes imprévus. Je ne prétends pas tout à fait que l'intelligence soit en nous l'œuvre du Saint-Esprit, du moins ses ressorts échappent-ils à notre compréhension, à notre prévision, partant, à notre maîtrise.

Et encore : la psychologie scientifique ne se contente pas de pécher par une prétention démesurée, elle oublie la sage maxime hégélienne qui nous avertit : « C'est dans les mots que nous pensons. » Tout à ses mécanismes, montages, démontages et bricolages, elle ne considère pas que pour comprendre, il faut en premier lieu parler, ni que le fameux « sens » dont les pédagogues nous tympanisent se trouve dans les discours et nulle part ailleurs. C'est en parlant que l'on s'adresse aux hommes et que l'on instruit les enfants, qu'on leur transmet l'héritage de la culture humaine, qu'on leur enseigne l'histoire, les mathématiques, la grammaire et jusqu'aux notions les plus abstraites. C'est avec des mots qu'on tâche de leur expliquer ce qu'ils ne comprennent pas ; il n'est pas jusqu'aux pédagogues qui ne se mettent à parler lorsqu'ils veulent nous persuader que « c'est en faisant qu'on comprend ». C'est pourquoi la psychologie enseignée dans les IUFM qui exalte sans trêve la vieille *praxis* des marxistes, accommodée à la sauce cognitiviste, constructiviste ou gestion-mentaliste, se révèle tout ensemble inutile et d'une indigence affligeante. Les étudiants en retiennent qu'il faut répartir les élèves entre « auditifs » et « visuels », ce qui n'a aucune incidence pratique, qu'il faut les faire travailler en groupe, ce qui peut être utile ou non, ça dépend ; ils se familiarisent aussi avec les diverses théories des rythmes scolaires : apprend-on mieux tôt le matin ou tard l'après-midi, avant ou après le repas ? On leur explique aussi que Jean Piaget, à l'aide de récipients remplis d'eau, a établi que l'intelligence aux prises avec un problème inédit se trouve déstabilisée mais qu'en progressant vers une plus grande abstraction, elle reconquiert un équilibre nouveau.

Tout cela est si plat, si vague, si entortillé, si pédant, si terriblement ennuyeux que mes jeunes gens, de guerre lasse, attendent les tout derniers moments pour consulter fiévreusement leurs manuels et tenter une bonne fois de comprendre en quoi diffèrent ce cognitivisme et ce constructivisme dont mes collègues ne cessent de les entretenir, comme des plus belles acquisitions de l'esprit humain. Mais las ! Ils constatent que ces deux grandes théories de l'apprentissage sont présentées par les ouvrages *ad hoc* de la façon la plus obscure et la plus contradictoire, que l'un appelle cognitivisme ce que l'autre nomme constructivisme et vice versa ; ils me demandent alors avec une humilité suspecte de leur en donner

« au moins une petite définition pour le jour du concours », ce que je m'efforce de faire en vain depuis des années. Ma seule manière de les rassurer est de leur dire que les membres de leurs jurys, inspecteurs de l'enseignement primaire et autres conseillers pédagogiques, n'en savent sans doute guère plus qu'eux, et qu'au surplus, ils s'en foutent éperdument.

Informatique

Mais ne perdons pas courage et poursuivons ! Le lecteur doit encore comprendre que la chimère de la gestion mentale a trouvé dans l'informatique un merveilleux alibi, ce pourquoi mon IUFM accorde une place toujours plus grande aux TIC (Techniques d'information et de communication). Non seulement il dispense, ce dont personne ne peut s'offusquer, une instruction en informatique, mais les professeurs de TIC ont obtenu que soit introduite une certification obligatoire dans leur discipline, ce qui ne s'imposait sûrement pas[1]. Il suffit d'ailleurs d'entrer dans n'importe quelle classe primaire pour voir, délaissés dans un coin, un, deux, parfois trois ordinateurs poussiéreux et vieillissants qui font désormais partie du mobilier scolaire et dont, le plus souvent, personne ne fait rien. Il est vrai, en revanche, que l'informatique ouvre d'intéressantes possibilités aux étudiants qui veulent réussir leurs examens. Beaucoup de jeunes instituteurs

1. Il en va d'ailleurs de même en première année de licence de philo, à l'université de X, où l'on enseigne la bureautique. Peut-être d'ailleurs est-ce l'effet d'une sage prévoyance puisque le niveau de tant d'étudiants, qui ont cependant obtenu des notes mirobolantes au bac, ne leur permettra pas d'être reçus aux concours de l'enseignement et qu'ils devront donc se recaser dans quelque administration.

stagiaires me remettent des mémoires professionnels largement pompés sur des sites *ad hoc*, ce qui ne serait pas bien grave s'ils avaient conscience qu'ils ont triché parce qu'ils estimaient leur temps trop précieux pour ingurgiter l'insupportable littérature pédagogique. Mais non ! Pas du tout ! Ils croient, souvent en toute bonne foi, qu'il suffit de se documenter, ou plutôt de trier des informations, pour « produire le texte » du travail sur lequel ils seront jugés et qui leur permettra d'obtenir leur diplôme. Il m'est devenu très difficile de m'opposer à cette idée, d'une part parce qu'elle paraît moderne mais surtout parce qu'une fois encore, elle dispense de l'effort de réflexion dont « nos jeunes » ont été déshabitués. J'ai eu ainsi toutes les peines du monde à faire comprendre à une consciencieuse jeune fille que son mémoire ne pouvait se limiter à un recueil de citations simplement juxtaposées, qu'elle devait aussi les expliquer, réfléchir à leur bien-fondé, être du moins capable de définir à partir de ses lectures la mémoire dont elle entendait traiter et qu'il n'était peut-être pas non plus très avisé de s'étendre si longuement sur la maladie d'Alzheimer et ses terribles effets dans un travail qui portait pour titre : *La Mémorisation : de l'école maternelle au cours moyen deuxième année*. Elle n'arrivait tout simplement pas à comprendre ce que je lui disais et m'opposait avec une obstination qui se révéla invincible qu'« elle avait quand même bien le droit *d'utiliser des documents* ».

Ces dévoiements ne sont d'ailleurs pas passés entièrement inaperçus de mes collègues dont certains sont, malgré toutes leurs folies, sincèrement attachés à leurs étudiants et désireux de les voir réussir. Qu'ont-ils fait alors ? Eh bien, une fois de plus, ils ont déniché pire ! Ils ont créé une nouvelle formation intitulée « aide à la méthodologie de la rédaction du mémoire professionnel », ce qui n'a pas manqué de brouiller encore un peu plus les cartes, de compliquer encore davantage la tâche des étudiants qui, sans mieux entendre les choses dont ils traitent, doivent dorénavant apprendre à s'approprier la méthode qui leur permettrait de les exposer. Cet intérêt pour la méthode s'est d'ailleurs propagé à l'université, où il existe désormais d'innombrables unités de valeur de méthodologie. Il est, ce qui est bien naturel, partagé par mes étudiants de première année qui me demandent inlassablement de leur exposer la méthode de l'analyse de document. A quoi je leur réponds – que pourrais-je leur dire d'autre ? – qu'ils doivent expliquer le document, partant, commencer par le comprendre. Ils me regardent alors, incrédules, maussades, comme si je leur dérobais un précieux sésame qui serait en ma possession et que je refuserais, par vindicte de classe, de partager avec eux, et les plus hardis, ou les plus syndiqués, vont régulièrement se plaindre auprès des autorités compétentes de ma pédagogie ringarde qui, croient-ils sans aucun doute sincèrement, les désavantage par rapport à leurs camarades et ne les prépare pas à leur concours comme il faut.

Dois-je me justifier ? Dire que je lutte pied à pied contre ces chimères ? Et qu'avec un succès inégal, je mets obstinément mes jeunes gens aux prises avec de grands textes, du moins des textes d'une nature telle qu'ils ne puissent faire l'économie de leur propre réflexion ? Beaucoup s'y dérobent et plus ou moins tôt désertent la place, mais d'autres se piquent au jeu, consentent à l'effort et se trouvent par après immergés jusqu'au cou dans ce qu'ils nomment, par politesse envers moi, des « idées » et d'ailleurs tout contents, quoi qu'ils disent, de barboter en compagnie de Kant ou de Hume dont ils continuent à discuter, pour ma plus grande joie, même pendant les récrés. Je me demande alors *in petto* une fois encore pourquoi mes collègues tiennent tant à rendre idiots de jeunes adultes qui auraient pu devenir raisonnablement intelligents et d'où vient la faveur qui s'est attachée aux méthodes modernes d'enseignement, soit à la pensée mutilée par ordinateur, et je (me) réponds ceci : l'ordinateur porte l'illusion de la puissance technique à son comble. Un clic, et le temps, l'espace sont déréalisés, les distances s'évanouissent, le monde tout entier, du moins le croyons-nous, accourt vers nous et se range à notre disposition. Mais surtout, le savoir dégradé en information semble convenir à n'importe quel esprit, fût-il le moins instruit et le plus négligent. L'on ne comprend pas que, proposée sans avoir dû être conquise, l'information perd sa pertinence, son relief et tourne à l'insignifiance car sa proposition illimitée, caractéristique de nos sociétés ouvertes, accrédite l'idée que le savoir, en principe accessible à tous, est un bien, partant un droit, et doit de ce fait se trouver à la disposition de chacun.

Le savoir appartient au peuple…

Je dois, pour mettre en lumière ce point, m'autoriser une petite excursion du côté des abstractions. Mon lecteur a sans doute appris en fréquentant les auteurs sérieux : Hannah Arendt dont les analyses, à plus d'un demi-siècle de distance, collent pour ainsi dire pas à pas à la réalité que vivent les enseignants, Alain Finkielkraut, Marcel Gauchet, que la dégradation du savoir va de pair avec l'extension de la démocratie. Il y a d'ailleurs là, à première vue, quelque chose de mystérieux et qui paraît contradictoire puisque la démocratie, en assurant le pouvoir du grand nombre, incite celui-ci à chercher des avantages réels, à s'emparer de la puissance et des biens réservés jusque-là à une élite restreinte, au petit nombre des privilégiés. C'est d'ailleurs à une redistribution de ce genre que s'est employée, par exemple, la Révolution française et c'est l'espoir de nouveaux avantages qui, de Condorcet à Jules Ferry, a guidé l'institution et les progrès de l'Instruction publique.

Mais que voyons-nous aujourd'hui ? Le contraire de ce que nos aïeux espéraient et prévoyaient. La propagation de l'instruction et la croissance indéfinie des lumières ont entraîné tout ensemble un progrès sans précédent de la médiocrité et le durcissement des inégalités. Non seulement le niveau des études s'est effondré uniformément pour tous ou presque, mais ce qui demeure de l'enseignement *stricto sensu* est plus élitiste que ce ne fut le cas non seulement sous la IIIe République, mais sans doute sous l'Ancien Régime, quand des enfants de laboureurs et d'artisans, instruits gratuitement dans les collèges jésuites, dans les écoles des oratoriens ou, pendant un temps, dans les académies protestantes, voyaient s'ouvrir devant eux des possibilités de carrière dont bénéficient presque exclusivement aujourd'hui les rejetons de professeurs ou de cadres supérieurs, qui forment une espèce de caste nouvelle et inédite.

Comment donc invoquer la démocratisation de la société pour expliquer une chose et son contraire ? Le développement de l'instruction dans tous les pays européens durant un siècle et demi et l'érosion continue du savoir dans ces mêmes pays depuis trente ans, l'ouverture toujours plus large des établissements scolaires aux enfants des classes populaires coexistant avec une politique malthusienne qui réserve, en France du moins, la maîtrise de la langue et des savoirs fondamentaux aux seuls élèves des classes préparatoires, puis des grandes écoles ? Certes, nos auteurs nous enseignent encore que notre démocratie, affectée d'un cancer de vieillard, se ronge elle-même et détruit les anticorps qui la protégeaient de ses excès. Elle n'aspire qu'à devenir toujours plus démocratique. Enivrée par son succès, elle fonctionne désormais selon un plan unique, l'extension de l'égalité, l'expansion illimitée des égoïsmes individuels, l'entassement indéfini des droits et, ce faisant, elle vire à la démagogie. Cette explication nous séduit parce qu'elle correspond à des comportements aisément observables qui se réduisent à la revendication de toujours plus. Mais je ne crois pas qu'elle nous renseigne sur ce qui s'est vraiment passé.

Chacun admet que la démocratie réalise un compromis plus ou moins stable entre ses deux principes fondamentaux, égalité et liberté qui sont, d'eux-mêmes, naturellement contradictoires, et l'on voit bien que notre école ne cesse de sacrifier le second au premier. Son propos, constamment réaffirmé depuis bientôt quarante ans, est de « promouvoir l'égalité des chances », mais elle ne parvient à le faire qu'au détriment de la qualité de l'enseignement. Pourquoi nos pédagogues ne s'aperçoivent-ils pas de cette contradiction que seuls remarquent quelques esprits chagrins ? Pourquoi, derechef, la majorité des citoyens et des parents y demeure-t-elle indifférente ? Il faut pour le comprendre s'aviser que le savoir est inséparable de la vie de la démocratie, qui repose sur la constitution d'un corps politique homogène, ouvert à l'investigation rationnelle, conscient de soi et disposant des compétences nécessaires pour délibérer. Ainsi, le savoir ne doit-il pas seulement être distribué aussi largement qu'il se pourra, mais se faire lui-même facteur d'égalisation, vecteur d'égalité ; d'un mot, il doit permettre une égalisation asymptotique de toutes les conditions. Mais cette démocratisation nouvelle ou radicale ne peut se réaliser à la faveur d'une simple extension telle qu'un beaucoup plus grand nombre de personnes accéderaient aux connaissances naguère réservées au petit nombre. Elle doit affecter les connaissances elles-mêmes, de façon à les rendre accessibles à tous. C'est ainsi que la logique et l'organisation interne du savoir savant dont les exigences soumettaient tout notre système d'enseignement, depuis l'école élémentaire où l'on dispensait déjà un enseignement systématique, méthodique et raisonné, ont été peu à peu modifiées pour satisfaire aux réquisits égalitaires de la démocratie moderne qui exige un savoir consensuel tel que chacun puisse, avec une assurance égale, faire valoir son point de vue ou son opinion. Cette mutation a été grandement facilitée par la production d'un savoir médiatique, déférant aux exigences de l'information et de la communication, en d'autres termes, d'un savoir creux, amputé de son histoire, réduit à ses énoncés, privé de sa vie propre, de son mouvement, de ses critiques, d'un mot, de sa substance.

Cette modification subreptice exigée par l'expansion virtuellement illimitée de la démocratie, soutenue par la croissance exponentielle de notre puissance technique, permet de comprendre, me semble-t-il, l'étrange myopie qui conduit les acteurs du système éducatif à se plaindre inlassablement de l'état misérable de l'école, du collège, du lycée, de l'université, pour s'opposer en même temps aux mesures de bon sens qui pourraient remédier au mal ou, du moins, limiter son expansion. C'est qu'ils considèrent désormais le savoir, ou plutôt la culture, comme le creuset de l'égalité, de l'unanimité, de l'effacement des différences entre les hommes. La phrase fameuse par laquelle Sartre, en conclusion des *Mots*, définissait l'homme moderne : « Un homme semblable à tous les hommes, que vaut n'importe quel homme et qui vaut n'importe qui » pose le principe d'une équivalence universelle entre les individus, partant, comme l'on dit aujourd'hui, entre leurs cultures. Dans ce monde nouveau où chacun ne voit plus en autrui que son image ou son double, les hiérarchies, les distinctions ne sont plus tolérées et les seules différences admises concernent le plus ou le moins, la quantité. Ce trait a marqué, je l'ai signalé, l'organisation de la scolarité qui a dissous les degrés d'enseignement dans un continuum éducatif indéterminé au sein duquel les disciplines elles-mêmes finissent par perdre leur identité au bénéfice d'une « transversalité » incantatoire qui ne souffre aucune interrogation et n'est, bien sûr, susceptible d'aucune définition.

… ET LA PHILOSOPHIE AUX PETITS ENFANTS

On verra une preuve de cette logique nouvelle dans l'une des plus ingénieuses trouvailles de mes collègues, qui, pour initier les élèves au « débat citoyen », organisent dès la première année de l'école maternelle des ateliers philosophiques. La chose est apparue dans mon IUFM, il y a trois ou quatre ans. Je ne sais si elle s'est inspirée des travaux de Jacques Derrida qui a plaidé, des années durant, pour que l'on étende l'enseignement de la philosophie, en amont, jusqu'à la classe de seconde. En tout cas mes collègues, toujours prêts à prendre les choses à la racine, se sont demandé : « Pourquoi faudrait-il s'arrêter là et fixer à l'enseignement de la philosophie une limite (forcément arbitraire) ? Chacun n'a-t-il pas, quel que soit son âge, droit à la philosophie ? Et si ce droit, comme tout droit, est universel, pourquoi en priver les enfants dès leurs classes maternelles ? »

La faible raison invoquée par moi que lesdits enfants ne savent encore ni lire ni écrire et qu'ils n'ont pas non plus accès, comme le reconnaît l'illustre Piaget lui-même, à la pensée abstraite, fut aussitôt balayée comme une nouvelle manifestation de mon méchant esprit. L'on m'assura avec magnanimité que, si je n'étais pas d'accord, je serais déchargée de la direction des mémoires professionnels rédigés par les stagiaires de seconde année au cas où ils auraient pour titre : « L'apprentissage de la philosophie au service de la citoyenneté », ou bien : « La place du débat philosophique dans le vivre ensemble au cours moyen deuxième année », ou encore : « La philosophie, un outil pour valoriser les identités », et même : « Une première approche du débat à visée philosophique en maternelle ». Les instituteurs stagiaires purent dès lors organiser dans leurs classes des débats « autour » du Respect, de l'Autre, de la Différence, etc., où vinrent, on s'en doute, se nicher tous les lieux communs du baratin contemporain dont la liste doit commencer d'être familière à mon lecteur, quoiqu'elle demeure toujours ouverte. Ainsi une jeune maîtresse me dit-elle fièrement qu'elle avait fait débattre ses élèves de CM2 sur l'amour, une autre qu'elle avait abordé, en maternelle, la question métaphysique de la mort ; une troisième avait organisé dans les mêmes classes (de deux ans et demi à six ans) un débat « autour » du thème « Qu'est-ce que grandir ? ».

Je lus ce dernier travail et, pour aguerrie que je fusse déjà, je tombai des nues. Les arguments des enfants étaient, bien sûr, conformes aux intérêts de leur âge et auraient à merveille illustré un manuel de psychanalyse populaire à l'usage des jardinières d'enfants. Les petites filles voulaient être grandes « pour aider les mamans à faire à manger et pour prendre un bébé », ou bien « parce que je veux que mon bébé il va avoir un an », tandis qu'un petit garçon repoussait cette éventualité pour la raison judicieuse que « les garçons, ils ont pas de bébés ». Un autre enfant exposait avec un discernement à l'évidence fondé sur l'expérience que grandir c'est « on mange de la soupe et on a le hoquet », mais il désirait surtout disposer d'une télécommande pour allumer la télé, un autre encore souhaitait devenir grand pour « être comme Michael Schumacher » mais aussi dans le désir, ô combien légitime ! d'« être débarrassé des parents ». Tout cela paraissait donc conforme à la règle. Mais ce qui m'affligeait par-dessus tout était l'aveuglement de la jeune maîtresse (une de mes anciennes étudiantes, hélas, et honte à moi !) qui, subjuguée par les ambitions de ses nouveaux formateurs, avait complètement perdu les pédales et ne percevait ni la vanité de cet exercice ni, ce qui est peut-être encore plus grave, l'effarant retard de langage de ces enfants qui, à cinq ans, en étaient encore à jargonner et se trouvaient incapables d'exprimer correctement une idée simple[1]. Le sacro-saint dogme de la liberté d'expression interdisait au demeurant, lors de ces discussions (au vrai des soliloques juxtaposés !), toute intervention étrangère, toute reformulation, toute correction et, bien sûr, tout apport de vocabulaire nouveau.

Là encore, je n'ai pas le pouvoir de m'opposer à ces folies. Je me bornai donc à protester pour la forme tout en imaginant avec effroi que ces maîtresses stagiaires, sitôt devenues professeurs des écoles de plein droit, risquaient de poursuivre les mêmes exercices et de s'enhardir au point d'aborder des thèmes toujours plus actuels : le divorce, qui concerne, après tout, le tiers, ou même peut-être la moitié des élèves (du moins de leurs parents), ou la question brûlante de l'identité sexuelle, en s'appuyant sur tel ouvrage de littérature de jeunesse dont nous parlerons plus loin, ou peut-être, à l'instigation du site « homo.edu », qui propose d'ores

1. Puis-je signaler à mes collègues qu'un enfant de cinq ans normalement éduqué s'exprime correctement et maîtrise la syntaxe de la langue française, y compris l'usage des « connecteurs » et des modes verbaux ? Lorsque ces acquis font défaut, ce devrait être le rôle de l'école maternelle de les assurer. On ne peut, en effet, concevoir qu'un enfant qui ne sait pas bien parler puisse apprendre aisément à lire.

et déjà aux maîtres d'établir avec leurs classes de CM2 la liste des homosexuels célèbres. Mais brisons là et marquons ce seul point : lorsque les enfants ainsi entraînés arriveront en terminale, ils croiront déjà tout savoir de la philosophie, qu'ils considéreront, dans le meilleur des cas, comme du bla-bla. Le plus excellent professeur lui-même ne pourra plus alors les persuader de consentir l'effort nécessaire pour lire un texte difficile ou pour adopter face à de grands auteurs, à de grandes questions, le bon mélange de modestie et de curiosité. Les débats philosophiques menés dès la maternelle avec président, modérateur, etc. auront donc réussi ce que vingt-cinq siècles n'ont pu faire : enterrer purement et simplement l'enseignement philosophique, mis désormais au service exclusif du décervelage des enfants.

J'accorde au bénéfice du doute qu'il est peu vraisemblable que mes collègues poursuivent ces fins de façon délibérée et, d'ailleurs, je ne dis pas cela ! J'affirme seulement qu'ils sont, dans leurs entreprises, animés par ce mélange de mépris du savoir et de culot qui est la marque de fabrique des vrais pédagogues. « Pourquoi ne pas tenter le coup ? Plus c'est gros, mieux ça vaut ! » Et derechef, quelle ivresse de pouvoir dire et faire absolument n'importe quoi, sans être tenu par rien, ni par les exigences du bon sens, ni par celles de la langue. D'autant que les mêmes savent qu'une fois ces débats institués, le pli sera bientôt pris et que les démarcheurs de la philosophie nouvelle auront tôt fait de persuader les éditeurs de publier des livres du maître intitulés *Initiation au débat philosophique, de la maternelle au CM2* ou bien encore, *Le Débat philosophique à l'école, une activité citoyenne au service de la démocratie*, qui seront achetés par les centres de documentation pédagogique, les IUFM, les écoles primaires et rapporteront bientôt des sommes rondelettes à leurs auteurs. Certains professeurs de collège, appuyés ou précédés par leurs syndicats, ne manqueront d'ailleurs pas d'exiger que le débat s'élargisse, parce que « nos ados ont besoin de philo ». Ils feront remarquer que la philosophie est partout, dans la rue, à la télé, dans les jeux vidéo, que c'est « notre vécu », et puis qu'il faut former les élèves à décrypter les pseudo-messages philosophiques véhiculés par la société marchande mondialisée. Enfin, on mettra sur pied des commissions de concertation avec les enseignants de terminale pour « harmoniser les contenus » et faire en sorte que, de la maternelle au lycée, se dégage enfin une « vraie cohérence » de la formation philosophique. Cet enseignement « rénové », qui, avec sa vieille frilosité académique, aura abandonné le « fétichisme des textes d'auteur », pourra alors, pour faire bonne mesure, s'ouvrir à la transdisciplinarité. La réflexion sur les thèmes déjà abordés en histoire ou en éducation civique : le racisme, les mémoires, l'esclavage, le colonialisme et son contraire, le droit à la différence, et son complément, le droit à l'égalité, gagneront, bien sûr, à être abordés dans des ateliers philo. Et qui donc siégera dans les commissions tripartites, primaire-collège-lycée pour la philosophie (sigle : PCL-phi) ? Les militants de la pédagogie ou les benêts en quête du dernier gri-gri qui se laisseront aisément persuader que, par la grâce d'une initiation différente, d'une imprégnation précoce, ils feront passer leurs élèves de la douceur du vécu à la rigueur du concept. Et d'autres gogos encore, avides d'endosser la livrée pourtant bien ternie de l'enseignement philosophique, sans oublier les petits malins des IUFM, titulaires de doctorats en sciences de l'éducation, assistés par leurs petits camarades syndicalistes toujours prompts à subvertir les forteresses du vieil enseignement et des élites vermoulues.

J'invente, je fabule, je déraille ? Pas du tout ! La chose se met en place sous mes yeux. Un mien collègue, qui hésitait encore il y a deux ans, a sauté le pas et dirige dorénavant toutes sortes de mémoires de professeurs des écoles stagiaires sur la philosophie à l'école primaire ; un petit groupe, pour l'heure informel, s'interroge sur les diverses modalités du débat. Dans deux ans, il sera trop tard et les inspecteurs de philosophie feront comme tous leurs collègues qui ont consenti à tant de sottises, ils s'inclineront devant le fait accompli. L'air navré, ils chuchoteront : « C'est une décision des IUFM vis-à-vis de laquelle nous sommes impuissants, du moins l'Inspection conserve-t-elle un droit de regard sur sa mise en œuvre. » Et puis, sourire de connivence et feint embarras : « Il n'est pas tout à fait faux, ma chère collègue, qu'il faille dépoussiérer notre discipline. D'ailleurs, la liberté pédagogique des professeurs reste, comme vous le savez, un principe intangible, le professeur de philosophie est seul maître de son cours. »

La suite prévisible de la révolution qui s'avance et qui sera victorieuse demain n'est pas moins intéressante. Les diverses initiations philosophiques accessibles sur le net, voir le portail « ini.philo.com », et leurs versions papier mettront à la portée des élèves des montages de thèmes et de textes choisis en fonction de leur accessibilité et de leur « pertinence pour la réflexion d'aujourd'hui ». Pour les élèves de maternelle, les points forts du débat philosophique et ses questions clés seront présentés sous forme de bandes dessinées que les enfants devront légender, ce qui sera en outre l'occasion d'une fructueuse « dictée à l'adulte ». On pourra aussi développer du matériel didactique, par exemple, un loto philosophique, ou bien encore un jeu des sept familles : « je te passe Marx, donne-moi Platon ». Ainsi, la philosophie aura-t-elle accompli sa destination démocratique et ses défenseurs attardés devront s'adapter, comme l'ont déjà fait leurs collègues des autres disciplines, à l'obligation d'un savoir minimal garanti pour tous. Faut-il encore préciser, ou le lecteur l'aura-t-il conclu de lui-même ? Chacun ayant, comme je l'ai affirmé, droit à la philosophie, la mise en œuvre d'un tel droit devra faire l'objet d'une évaluation périodique de la part des instances ministérielles et d'une vigilance particulière de la part des syndicats, par l'entremise, bien entendu, de commissions bi ou tripartites, au sein desquelles les IUFM, qui se trouvent « à l'articulation de la théorie et de la didactique de terrain », auront à faire prendre en compte les « demandes des philosophes-praticiens ». Il sera alors trop tard pour comprendre qu'en introduisant le débat philosophique à l'école, on se sera livré à un exercice caricatural qui aura dégradé la philosophie de plusieurs degrés encore au-dessous du niveau des cafés philosophiques et que, sous couvert d'introduire les enfants à la « pratique démocratique du débat citoyen », on leur aura fait accroire qu'ils sont à même d'avoir une opinion sur tout, de disputer de tout, de sorte que toute autorité intellectuelle sera encore davantage, s'il se peut, contestable et contestée.

Professeurs

J'ai beau essayer d'en rire, cette configuration nouvelle où pédagogie et démagogie ont partie liée a quelque chose d'effrayant et l'on comprend le désarroi de tant de maîtres lorsqu'ils s'aperçoivent qu'en croyant favoriser la démocratisation de l'enseignement, ils ont en réalité consenti à sa corruption démagogique et ont franchi, sans bien y prendre garde, la ligne au-delà de laquelle on s'avance sur les terres de la barbarie. Certes, les professeurs ont été les premiers artisans de leur malheur, ce que chacun est fondé à leur reprocher. Mais le malaise moral qu'ils sont si nombreux à vivre, lors même qu'ils le récusent, témoigne à sa manière de la catastrophe spirituelle qu'ils subissent désormais en spectateurs impuissants, assistant année après année au naufrage du savoir, hébétés et résignés devant les vagues qui, l'une après l'autre, montent à l'assaut de l'école, ou plutôt se répandent parmi ses ruines et achèvent de l'engloutir. Je ne puis soutenir ces images sans chagrin, sans un violent sentiment de révolte aussitôt suivi d'un grand abattement. Je m'en détourne donc pour revenir à ce qui m'est familier et pour montrer comment la dévaluation du savoir dont ils ont été les premiers artisans a dégradé, irrémédiablement je le crains, la condition des enseignants.

Peut-être se souvient-on que professeurs et instituteurs jouirent longtemps d'un prestige moral diffus en rapport avec l'instruction qu'ils dispensaient. En leur personne se réalisait la convergence d'un savoir déjà savant, celui auquel ils avaient été initiés par leurs études, avec la morale de la République : aspiration aux lumières, dignité de la science, respect des libertés, au premier rang desquelles la liberté de penser, sérieux et rigueur de la vie intellectuelle qu'attestait, je l'ai dit, la maîtrise d'une langue souvent guindée mais nette et précise. Les professeurs français, dévoués à leur sacerdoce laïque, poursuivaient ainsi l'œuvre des jésuites à laquelle ils avaient d'ailleurs emprunté nombre de leurs méthodes, à ceci près qu'une foi nouvelle, la religion de la raison et du progrès, avait pris la place de la ferveur ancienne. On ne doit donc pas s'étonner qu'une fois les principes de ce régime intellectuel détruits, les professeurs aient perdu le sentiment de leur légitimité, d'autant que les modestes avantages dont ils jouissaient pour l'essentiel, un temps de présence en classe peu contraignant (en contrepartie, il est vrai, de préparations et de corrections astreignantes), commencèrent à passer pour des privilèges au fur et à mesure que leurs connaissances se voyaient redéfinies, rognées, réduites à des compétences, à des savoir-faire et privées de leur intrinsèque dignité.

Les effets de cette évolution se firent sentir très concrètement dans la vie quotidienne au sein des établissements, ce que je ne puis malheureusement expliquer sans entrer dans de fastidieux détails et sans exposer, pour l'exemple, ce qu'il est advenu des « inspections » auxquelles les professeurs furent et demeurent soumis. Le lecteur apprendra donc que les vieux inspecteurs généraux s'invitèrent longtemps dans les classes à l'improviste, en gros, tous les trois ou quatre ans, et que, quoiqu'ils fussent ordinairement bienveillants, la perspective d'être inspecté par un supérieur d'un rang élevé, ancien professeur émérite, capable, en général, de saisir avec une grande sûreté les qualités et les insuffisances d'un cours, habilité à vérifier non seulement le cahier de textes, mais le nombre de devoirs et le sérieux de leur correction, tenait les professeurs en haleine. A l'inspection proprement dite, entourée de solennité, succédait un long entretien, nommé familièrement « confession », au cours duquel le travail du professeur était estimé au trébuchet, non seulement quant à sa qualité pédagogique mais, avant tout, sous le rapport de ses mérites scientifiques. Chaque professeur, même perdu dans le plus petit trou de province, était ainsi rappelé à l'importance de sa fonction et à son travail quotidien, avec ses moments inévitables de routine, d'ennui et de découragement, se trouvait périodiquement inscrit dans une perspective plus ample qui lui restituait sa dignité. Venait enfin un rapport écrit qui reprenait les remarques de l'inspecteur, faisait état de la discussion qui s'en était suivie, des objections éventuelles du professeur et attribuait une note pédagogique qui comptait pour l'avancement. L'effet de cette note était aussi d'inscrire chacun dans une hiérarchie de mérite qui, pour l'essentiel, réglait ses rapports avec ses supérieurs immédiats et, plus subtilement, avec ses collègues. Car l'inspecteur général, par le simple fait de représenter une instance indépendante des jeux d'influence au sein du lycée, d'incarner une autorité extérieure et supérieure, protégeait tous les professeurs, même les plus médiocres, en les soustrayant au qu'en-dira-t-on de leurs collègues comme aux pressions de leur administration. D'un mot, du moment qu'ils traitaient leur programme avec une compétence minimale et faisaient suffisamment travailler leurs élèves, les professeurs étaient des fonctionnaires indépendants, en général respectés et, dans l'ensemble, satisfaits de leur métier que la plupart exerçaient honorablement[1].

On ne s'étonnera donc pas d'apprendre que les syndicats, qui forment le principal rouage de la Machine pédagogique et sont les premiers à contester les autorités constituées, aient été aussi les plus acharnés à exiger la suppression des inspections, au motif absurde qu'elles « infantilisaient » les maîtres. Ils obtinrent qu'on leur substituât, dans les années quatre-vingt, de simples visites dont la date était annoncée une ou deux semaines à l'avance, de sorte que l'on avait tout le temps de boucher les trous de son cahier de textes, de faire à la hâte quelque interrogation et surtout de préparer un cours particulièrement soigné. Ce dont les professeurs ne s'avisèrent pas, c'est qu'en amoindrissant l'autorité de l'Inspection générale, en déboulonnant la hiérarchie du savoir sur laquelle leur autorité reposait, ils se mettaient sous la dépendance de leurs collègues, rassemblés désormais dans des équipes pédagogiques, et que de plus, ils se trouvaient davantage soumis à leur administration, aux humeurs de leur proviseur, et même aux pressions des parents ou des élèves qui étaient inimaginables dans le système ancien. Il est à cet égard tout à fait frappant de voir les remarques que Hannah Arendt consacre à la tyrannie au sein des groupes d'enfants se vérifier également pour les maîtres. Car la dépendance la

1. De toute ma scolarité dans un lycée parisien moyen, je ne me souviens que de deux professeurs réellement insuffisants : une adjointe d'enseignement en mathématiques et notre professeur de musique de cinquième qui abritait un kil de rouge dans la queue de son piano. Parmi les autres, il y en eut d'excellents. Mais ceux-là mêmes que nous jugions ennuyeux, et dont nous subissions passivement les cours, nous faisaient travailler et nous instruisaient.

plus grande ne se rencontre pas dans les organisations qui maintiennent des hiérarchies, mais une fois qu'elles se sont évanouies, lorsque la disparition de toute instance tierce extérieure et supérieure au groupe permet à ce dernier d'exercer, sur chacun de ses membres, une pression que rien ne vient plus modérer.

Elèves

Le lecteur qui m'aura suivie dans ces remarques comprendra que les élèves, eux non plus, ne soient pas demeurés insensibles à la liquidation du savoir, à la diminution du prestige de leurs enseignants et ne croira pas nos bobos sur parole lorsqu'ils soutiennent que l'impatience des « jeunes » est provoquée par l'insupportable fardeau d'exigences scolaires ringardes, injustifiées et tatillonnes. Non ! Car que leur demandent désormais tant de mes collègues ? Rien ! Pas même, à Dieu ne plaise ! d'ôter leur capuche (ils risqueraient de se faire poignarder !), pas même de sortir leurs affaires pour faire semblant de travailler, ils les ont laissées chez eux. « Et vous z'avez qu'à m'envoyer chez la CPE si ça vous fait plaisir ! » Pas même d'avoir fait leur travail : ils z'ont pas eu le temps, ils z'étaient partis en week-end ou bien ils « avaient une soirée ». Ils sont donc là, maintenus sous perfusion scolaire, et se rendent à leurs cours en chômeurs précoces. Car comment qualifier autrement la condition d'adolescents désoccupés des années durant, qui se traînent de classe en classe, pleins de morgue et d'ennui, les lacets dénoués, une besace informe à l'épaule, les jeans *baggy* pendant entre leurs genoux, pour s'asseoir à une place, le plus reculée possible, sans se dévêtir, ni cracher leur chewing-gum, ni sortir leurs livres, leurs cahiers, leurs stylos, comme les hôtes provisoires et maussades d'une salle d'attente où les kleenex jetés sur le sol voisinent avec des préservatifs de couleur noués en petits ballons (c'est amusant à gonfler et ça fait toujours passer un peu de temps).

Le cours commence-t-il, le bavardage, jusqu'alors indolent, devient affairé, irrépressible ; un « jeune », effondré sur sa chaise, se masturbe vaguement à travers la poche de son survêt avec une expression de niaiserie indicible, une demoiselle coiffe sa copine, une autre fait circuler les photos de sa dernière soirée, une autre encore tète sa petite bouteille de Contrex. Trois ou quatre jeunes gars, au fond, vêtus de survêtements immaculés, après avoir de mauvaise grâce replié *L'Equipe*, tapent le carton. Les portables sonnent dans les sacs. Que fait le professeur ? Il regarde sa montre et, comme il le peut, fait cours pour le premier rang, parfois pour les deux premiers. Par-dessus tout, il dicte, parce que la dictée lui assure le répit d'un quart d'heure de silence (relatif). Lorsque les élèves semblent enfin tranquilles, il hasarde une explication, un développement, une digression, il pose une question, d'un mot, il retourne à l'exercice normal de son métier. Mais aussitôt les « jeunes » se réveillent : « M'dame, vous nous prenez la tête, vous nous gavez avec vos trucs, y dit quoi, çui-là ? » (Descartes, Kant ou Rousseau). Enfin l'heure approche ; chacun escamote prestement le petit bagage qu'il lui avait fallu dix minutes pour disposer. Le professeur, s'il est consciencieux, ce qui arrive encore assez souvent, fait remarquer qu'« il n'a pas fini ». La réponse tombe : « De toute façon, ça va sonner ! » Il range donc à son tour ses affaires, indique les devoirs que les deux premiers rangs notent, remplit son cahier de textes d'« objectifs pédagogiques » conformes aux exigences comme aux termes du programme qui n'ont pas été atteints, de thématiques qui n'ont pas été abordées, de toute la pédagogie Potemkine en vigueur et feint encore d'écrire pour ne pas voir les élèves quitter la classe en se bousculant, sans un regard ni un salut.

Il faut avoir palpé l'épaisseur de cette indifférence et bien souvent de cette hostilité mutuelle, y compris dans des établissements réputés sans problèmes, avoir senti la célérité avec laquelle chacun déserte la place, l'empressement avec lequel les uns vont chercher dans la salle des professeurs un peu de sympathie, de chaleur, un café, une ombre de réconfort et les autres flirter, taper le carton ou tirer sur leurs joints, pour mesurer l'immensité du tort que l'institution scolaire impose à la très grande majorité des enseignants ainsi qu'à leurs élèves. Car les jeunes gens pâtissent autant que leurs maîtres. Non seulement on ne leur apprend plus grand-chose, mais, dans leur désir éperdu de « démocratisation », les pédagogues n'ont pas hésité à discréditer les bons élèves, désormais désignés par leurs camarades comme « bouffons » ou « juifs » et soumis, parfois dès l'école primaire, à un véritable parcours du combattant au cours duquel ils se trouvent plus ou moins interdits d'instruction puisque la pédagogie en vigueur dès les petites classes a entravé leur développement.

Ainsi, alors que le redoublement est exceptionnel, sévèrement limité pour les plus mauvais élèves, que l'on admet en sixième des foules qui ne savent ni lire ni écrire, on n'autorise qu'exceptionnellement un enfant en avance à sauter l'une au moins des trois années de maternelle, moins encore de l'enseignement primaire. C'est d'ailleurs un curieux spectacle de voir tant d'enseignants, hommes de gauche convaincus, supporter avec peine, avec un dédain à peine dissimulé, les bons élèves, et plus encore les élèves brillants, toujours suspects d'appartenir à quelque élite, et déclarer froidement que « s'ils sont tellement bons, on n'a pas besoin de s'occuper d'eux ». Ces enfants, lorsqu'ils entrent au collège, supportent l'intimidation, la vindicte et le mépris envieux de leurs camarades, les caïds, auxquels les professeurs n'ont pas le courage et souvent pas la possibilité de s'opposer. La même situation se poursuit au-delà, sauf s'ils ont la chance d'être dans une bonne classe d'un bon lycée, si de telles choses existent encore, ce qui suppose des parents au fait des arcanes de l'Education nationale, capables d'inscrire leurs enfants au bon moment dans les bonnes options, dotés d'amis bien placés, à moins qu'ils ne soient eux-mêmes de la partie. Enfin, la même pédagogie qui s'intéresse tant à la motivation des élèves en difficulté et prétend « soutenir leur image de soi » perd ce souci dès qu'il s'agit d'élèves bons ou simplement méritants. Ceux-ci sont accusés d'être scolaires, ceux-là se voient à l'occasion privés des encouragements ou des félicitations au motif de la lutte contre l'élitisme, éventuellement à l'instigation des associations de parents d'élèves, soucieuses, disent-elles, d'éviter un « sentiment d'infériorité » aux enfants moins travailleurs ou moins doués. Il en va d'ailleurs de même pour les appréciations sur les bulletins scolaires ; plus aucun professeur n'oserait, aujourd'hui, louer les qualités intellectuelles d'un adolescent. De même, les succès au concours général, naguère honneur des professeurs de lycée, font l'objet d'un mépris silencieux.

Cette attitude, tout imprégnée de ressentiment, est évidemment préjudiciable à tous les enfants, et d'abord à ceux qui, d'origine modeste, ne trouvent plus à l'école aucun encouragement à progresser, aucun idéal susceptible de soutenir leur volonté. Force est donc de remarquer que dans leur lutte contre les inégalités, les pédagogues n'ont pas supprimé mais inversé la hiérarchie scolaire, à l'image, si l'on nous autorise ce rapprochement, des camps de concentration, où l'on inversait la hiérarchie sociale, encourageant la pègre à régner sur les « politiques », vocable infamant qui désignait tous ceux qui, de par leurs compétences, avaient occupé une place respectée dans la société. Mais ces dispositions, intelligibles dans les systèmes carcéraux de régimes totalitaires où il s'agit de soumettre, d'humilier et de terroriser, sont peu compréhensibles dans une école démocratique qui poursuit le bien commun. Il n'empêche ! Elles se sont répandues, et pas seulement dans les établissements situés en « zone sensible », de sorte que, hormis les quelques lycées peuplés par les enfants des bobos et de la nomenklatura pédagogique, les bons élèves des établissements moyens ou des collèges classés ZEP doivent faire profil bas, rédiger à l'occasion les devoirs des caïds, leurs condisciples, pour se soustraire à leurs menaces, vexations ou pis, ce qui constitue une forme inédite de racket scolaire que les professeurs et, bien sûr, l'administration feignent d'ignorer.

Bourdieu

Cependant, cette violence n'alerte pas nos pédagogues, assurés que le savoir doit être « partagé » et convaincus que l'échec de tant d'élèves résulte d'une insuffisante démocratisation. Lorsque je souligne (timidement) que les résultats escomptés par la nouvelle pédagogie ne sont pas au rendez-vous, mes collègues me répondent sans se troubler que les réformes sont mal appliquées, que les instituteurs, une fois échappés au contrôle des IUFM, font de l'obstruction, retournent à l'ornière de la vieille pédagogie et refusent de « se remettre en cause ». « D'ailleurs, ajoutent-ils en me regardant d'un air pensif, ils ne sont pas les seuls ! » D'un mot, ils continuent d'opposer le bon savoir démocratique au mauvais savoir des élites sans voir l'absurdité de cette distinction, car ils se sont de longue date persuadés qu'il existe au sein de l'école une véritable lutte de classes telle que les mauvais élèves sont victimes des bons et, plus encore peut-être, des exigences de la scolarité, qui fonctionne, selon la doctrine de saint Bourdieu, comme un « système à fabriquer de l'exclusion ». Or, sitôt qu'ils ont retenu cette formule enchanteresse, tout s'illumine. Les élèves en échec scolaire sont tout simplement victimes de leurs condisciples qui sont, eux, favorisés par le système ! Ainsi le sociologue François Dubet s'interroge-t-il en ces termes : « Où est la véritable ambition ? Faire en sorte que tous les élèves obtiennent ce à quoi ils ont droit, ou faire qu'une minorité atteigne l'excellence alors que les autres ne savent pas grand-chose et ne sont définis que par leurs échecs et leurs lacunes[1] ? » Et, sans soupçonner aucunement qu'échecs et lacunes résultent largement de la pédagogie dont il s'est fait le champion, cet auteur conclut, comme on peut s'y attendre, que « le sort des plus faibles doit être l'impératif majeur [...] en donnant à chaque élève la confiance et l'estime de soi auxquelles il a droit[2] ».

Cette doctrine règne depuis de longues années dans la planète pédagogique. C'est ainsi que j'entendis, stupéfaite, l'un de mes proviseurs me déclarer qu'« en trois quarts d'heure, un gosse de bourgeois, sa dissert, il l'avait torchée », tandis qu'il fallait x fois ce temps à son camarade issu d'un milieu défavorisé. Je compris donc qu'aux yeux de mon supérieur, la dissertation s'apparentait à un montage ou, comme l'on dit aujourd'hui, à une « production de pensée », faite de pièces détachées arrachées à la culture dominante, à un super-Meccano pour élites que le fils du bourge assemblait rapidement, avec une aisance d'héritier, tandis que le pauvre exclu clignait des yeux devant un escamotage intellectuel dont le principe lui échappait. Que cet exercice (excellent) exigeât une réflexion personnelle, l'aptitude à expliciter les termes et la portée d'une question grâce au savoir disciplinaire accumulé, qu'il représentât, pour celui qui en acquérait la maîtrise, une première initiation aux exigences d'une réflexion consciente de soi, au fait de sa propre logique, déjà capable d'esquisser ses prolongements, d'un mot, un pur cristal de

1. *L'Ecole des chances*, Paris, Seuil, 2004.
2. *Le Monde*, 23. 1. 2007.

« métacognition », mon proviseur n'en avait cure. Il voyait la pensée tout entière comme un trucage douteux dont il fallait, toutes affaires cessantes, dénoncer le prestige et casser les ressorts.

Or chaque professeur, qu'il acquiesce ou non à cette représentation, en saisit malheureusement les effets dans le vif de son expérience. Les cancres sont devenus les dépositaires d'une mission sacrée, celle de rédimer l'école de sa faute originelle : l'élitisme, en faisant sonner haut et clair la vérité et le droit des exclus. Ceux-ci sont d'ailleurs peu ou prou considérés comme le tiers-monde de notre système d'enseignement, avec d'autant plus de vraisemblance que les « jeunes issus de l'immigration », par quoi l'on entend les enfants d'origine africaine ou maghrébine, se trouvent malheureusement nombreux dans les rangs des élèves en difficulté et bénéficient à ce titre d'une double ration d'excuses. Ainsi, « être en échec scolaire », venir d'un « milieu défavorisé » introduit un facteur de plus dans la sacro-sainte équation immigration = exclusion qui garantit à celui qui peut s'en réclamer des indulgences particulières. On imagine sans peine que ce racisme à rebours favorise les élèves qui ne dépendent pas entièrement de l'école pour s'instruire et transforme les autres en kamikazes qu'on envoie se fracasser contre les derniers bastions du Savoir haï. C'est ainsi que, bon an, mal an, l'école ghettoïse ceux qu'elle prétend libérer en leur ôtant les moyens d'échapper au cercle étroit, parfois sordide et violent, de leur vie quotidienne. Elle leur refuse les premiers secours, soit les premiers éléments du savoir, les premiers appuis qui leur permettraient de se hisser vers le monde et les laisse croupir dans le non-sens bien plus sûrement que ne le faisait l'école de Jules Ferry, nonobstant la brutalité supposée de l'acculturation qu'elle imposait.

CONTRE-CULTURE

La suspicion à l'égard du savoir, la réticence à instruire les élèves, si frappante chez tant d'enseignants, s'enracinent au surplus dans le malaise que leur inspire leur propre tradition et beaucoup de maîtres renchérissent sur le goût de notre ancien président pour les cultures et les arts premiers. Les enfants ne rédigent plus de devoirs mais produisent, je l'ai déjà dit, des « traces écrites ». On conduit de petites troupes de maternelle admirer dans les musées locaux de la peinture abstraite (la peinture figurative devrait être commentée, ce qui exige une culture artistique qui fait généralement défaut aux maîtres, tandis qu'on peut toujours adorer formes, volumes et couleurs). Et puisque, comme l'enseignait le grand Kant, « le beau est sans concept », il n'est de meilleure introduction à l'art que de toucher, flairer, taper, casser. C'est ainsi qu'une maîtresse propose à des élèves en difficulté, qui auraient pourtant besoin d'ordre et de méthode, de construire une statue, ou plutôt une « forme », mieux encore, une « structure » faite de canettes de Coca-Cola préalablement écrabouillées. « Et pourquoi donc ? » lui demandé-je. « Pour que nos *jeunes* puissent *mettre en art* leur ressenti agressif » (agressivité, précise-t-elle, de crainte de passer pour réactionnaire, « que nous éprouvons tous »).

Le même motif conduit les maîtres à privilégier l'« écoute des bruitages » et les percussions, au détriment de la mélodie, de sorte que le malheureux instituteur qui fait entendre à ses élèves Vivaldi ou Mendelssohn est aussitôt suspect d'ethnocentrisme et considéré par son inspecteur comme un attardé, un réactionnaire digne, derechef, des foudres de saint Bourdieu.

Il va de soi que je n'ai personnellement rien contre l'« ouverture au monde », les masques nègres, les marionnettes de Bali, les bâtons de pluie incas ; rien non plus contre les « productions d'élèves » : compositions de brindilles et de mousse desséchées, papiers peints froissés, bouts de carton coloriés puis déchiquetés et toutes sortes d'autres jolies choses exhibées sur les murs de mon IUFM. Rien non plus contre les cintres en fil de fer tordus, entremêlés puis adornés de plumes et de brimborions variés. Ni, à Dieu ne plaise ! contre les seins (en matière plastique) qui ont sûrement été accrochés là afin d'interroger aussi « quelque part » notre rapport à l'érotisme. Cependant, je ne puis tout à fait ignorer que cette dilection singulière pour ce qui s'apparente à du déchet, pour tout ce qui peut ébranler les idéaux convenus, le bon sens, le bon goût, la belle langue, affecte tout spécialement l'enseignement primaire. Les élèves y sont nourris dès les plus petites classes aux clichés d'une contestation rampante, protéiforme mais omniprésente.

De même que l'enseignement des arts plastiques se réduit le plus souvent à « faire produire » aux élèves de désolants cacas-boudins en plâtre, des tags, barbouillages et gribouillis, les maîtres font étudier, durant les heures prévues à l'emploi du temps pour l'initiation à la littérature, des ouvrages pleins d'allant, qui, soucieux d'introduire les jeunes esprits à l'exercice de la pensée critique, ont pour titre aguicheur *Le Petit Chaperon vert* ou bien *Le Gentil Loup et les Méchants Petits Cochons*. Bien sûr, ce sont des niaiseries, mais une bonne partie de la littérature de jeunesse choisie par les instituteurs comme livres de lecture est plus ou moins insidieusement chargée de ces messages critiques qui plaisent tant au petit monde de l'enseignement et, je suis au regret de le dire, tout particulièrement de l'enseignement primaire, pour lequel, apparemment, ne saurait exister de culture hors la contestation et la subversion. Le lecteur exige des exemples ? En voici : le petit loup qui s'amuse à terrifier tout un chacun, loin d'être finalement puni, triomphe en trompant un enfant trop crédule et ajoute de la sorte le mensonge à la méchanceté. Il y a aussi, je l'ai mentionné, *Le Journal de Grosse Patate*, petite fille obèse qui ne parvient pas à retenir l'attention de son camarade, amoureux d'un beau garçon de sa classe[1], et aussi : *Que feriez-vous si vous soupçonniez votre grand frère chéri d'avoir commis un crime horrible ?* Ce ne sont pas là des exceptions. Le lecteur doit savoir que dans la longue liste d'ouvrages (un millier) sélectionnés par une commission *ad hoc* au ministère de l'Education, les textes ambigus, douteux ou « subversifs » abondent au point qu'une directrice d'école m'a dit qu'elle devait strictement veiller à la composition de sa bibliothèque pour en éliminer les livres diversement tendancieux.

1. Je ne me hasarde pas à éplucher systématiquement les ouvrages de « littérature de jeunesse » qui remplacent dans de très nombreuses classes, je l'ai déjà dit, les manuels de lecture suivie, lesquels ont d'ailleurs, à ma connaissance, disparu. J'ai rencontré « Grosse Patate » parce qu'une étudiante de première année avait choisi de présenter cette œuvre à l'épreuve orale dite de « littérature de jeunesse » de son concours.

Il est bon, d'ailleurs, de souligner que les manuels ne sont pas en reste et qu'ils soutiennent eux aussi la néomoralité. Je lis par exemple, dans un de ces livres destinés aux élèves de CE2, l'histoire d'un petit garçon qui, pour ne plus faire de fautes, vole le « stylo magique » de sa maîtresse. Celle-ci s'en aperçoit et le garçon devient, comme le décrit son copain, le fortiche de la classe, « rouge comme un gratte-cul et son gros ventre, sous le maillot, il tremble comme un flan dans une assiette » (ainsi s'exprime l'auteur, guidé, on s'en doute, par le louable souci d'adopter une écriture jeune). Mais le petit voleur s'alarme en vain, son institutrice passe outre, de sorte que son meilleur copain le « regarde avec des yeux admiratifs. C'est drôlement fortiche, ce que tu as fait ! Finalement, t'es courageux ».

Que conclura donc le petit enfant qui aura étudié cet extrait ? En premier lieu, que l'orthographe, c'est magique. C'est grâce au stylo magique que la maîtresse ne fait pas de fautes, et non, comme un lecteur ringard pourrait se l'imaginer, parce qu'elle aurait naguère fait beaucoup de dictées. En second lieu, que voler, c'est finalement courageux. Certes, on demande par la suite aux élèves de chercher à quels signes on reconnaît que le petit voleur est « gêné » (on admirera l'expression nuancée). Mais ni la honte, ni le remords, ni aucun autre sentiment moral ne sont évoqués. Surtout, le larcin devient un acte audacieux, digne de l'admiration envieuse du fortiche de la classe, ce qui inverse encore une fois la hiérarchie morale et, de plus, la hiérarchie scolaire. Enfin, le lecteur enclin à l'interprétation psychanalytique verra d'emblée à quel point cette histoire est nocive. La maîtresse, magiquement toute-puissante grâce à son « stylo », éveille chez le petit élève les émois archaïques d'un enfant de quatre à cinq ans qui l'incitent à commettre un acte délictueux à valeur de rétorsion imaginaire. Cette fantaisie est infligée à des garçons et à des fillettes de huit ans qui doivent en principe avoir reconnu la différence entre les sexes, c'est-à-dire avoir abandonné le fantasme d'une femme conjoignant la puissance des deux sexes et, de plus, avoir accédé à la pensée causale : c'est en travaillant, et non grâce à quelque magie transgressive, que l'on progresse. Il ne servirait à rien d'objecter, comme le feraient sans doute aussitôt mes collègues, que les *Contes* de Perrault, eux aussi, regorgent d'inventions effrayantes, car justement ce sont des contes que nul ne saurait confondre avec la réalité, tandis que les textes que je mentionne ici évoquent des situations présentées comme réelles, dont ils cultivent délibérément le paradoxe. Nul ne saurait donc s'étonner que les enfants soumis à ce régime trouvent naturel de prendre le contre-pied de la « vieille morale » et finissent par se muer en adolescents blasés, suffisants et ricaneurs auxquels ni la grandeur, ni la beauté, ni la noblesse n'en imposent plus puisque leurs premières études les ont entraînés à ces exercices tant prisés de leurs maîtres : le renversement de toutes les valeurs et la philosophie du soupçon.

Ainsi, durant les années de leur apprentissage, lorsque commence à prendre forme la physionomie morale des enfants, que naissent, ou devraient naître, les premiers enthousiasmes, les premiers idéaux, lorsque le goût se marque et s'affine, rien, strictement rien, ne leur est proposé qui soit susceptible de leur inspirer de l'admiration ou même de la curiosité. Pis, ce qui est bas, vil, vulgaire, ou simplement commun et familier, cela sert de modèle, ce qui élèverait, ennoblirait, est passé sous silence ou devient objet de dérision. Enfants et jeunes adolescents se trouvent donc soumis aux injonctions paradoxales dont regorgent non seulement le discours ambiant mais les textes qu'ils étudient en classe, qui leur susurrent de trouver ridicules les maîtres, médiocres et faiblouillards les parents, insupportables et maniaques les grands-parents, suspectes toutes les autorités constituées. Ainsi n'apprennent-ils rien d'autre à l'école que ce qu'ils entendent à la télé ou dans leurs radios spécial ados.

Afrique

Le refus véhément des normes et des modèles qui est le pivot moral de la pédagogie des pédagogues a pour corollaire non, comme on l'entend souvent dire, quelque relativisme culturel qui aurait du moins le mérite de laisser chacun libre de ses préférences, mais la dévalorisation de la culture occidentale au bénéfice particulier, me semble-t-il, des traditions africaines. Il ne m'est pas arrivé une seule fois en dix ans d'assister à une leçon destinée à familiariser les élèves, si peu que ce fût, avec l'Inde, la Chine, les Tatars des steppes, les Inuits qui font pourtant de si jolies figurines en os de baleine et comptent, comme l'on sait, « le plus fort pourcentage d'artistes au monde[1] ». Non et non ! L'Afrique et elle seule ! L'Afrique encore et toujours ! Et encore, les esclaves de la traite occidentale, et nuls autres ! Ni les esclaves de la traite arabe ou de l'Empire ottoman, ni ceux de la traite africaine, ni ceux de la Chine ancienne et contemporaine, ni ceux de l'Arabie saoudite, du Yémen ou du Soudan, ni ceux de l'Antiquité ! Non ! *Nos* esclaves, *les esclaves de l'Occident*, ceux du commerce triangulaire qui furent esclaves superlativement. Pourquoi cette passion ? Je n'en sais rien !

1. Pierre Péan, *Chirac, l'inconnu de l'Elysée,* Fayard, 2007, p. 152.

Peut-être parce que l'équation Afrique = sous-développement = esclavage est le cliché élémentaire de l'antiracisme, celui qui n'exige nulle connaissance particulière, qui tient tout entier sur le recto d'un tract, se réduit à quelques images d'Epinal, à une sorte de « Y a bon Banania » à rebours et mobilise aux moindres frais un pathos accusateur qui dispense celui qui y recourt de tout examen intellectuel sérieux.

Là encore, qu'on ne se méprenne pas ! Je crois bon, sain, naturel, qu'en Afrique, aux Antilles et partout ailleurs, les hommes se saisissent ou se ressaisissent de leur histoire ; je crois également qu'on ne peut pas être soi et ignorer ce que furent, ce que firent ou ce que subirent ses aïeux. Je peux aussi bien m'imaginer ce qu'est le malheur, sans doute la détresse intime, de millions et de millions d'Africains, leur situation vécue, une génération après l'autre, comme une malédiction et leur penchant trop humain à chercher à l'origine de cette malédiction une catastrophe originelle qui, pour la suite des temps, les exonérerait de toute responsabilité. Mais on ne guérit pas de la déréliction par la fable, en substituant à la connaissance des faits, le roman des origines. Au reste, les Africains qui vivent en France ne demandent en général rien de plus que d'être traités avec équité, de jouir, comme n'importe qui, des droits du citoyen ou de l'étranger, selon leur situation ; ils n'ont nul besoin de s'entendre chapitrer sur ce qu'ils sont supposés être, à qui ou à quoi ils devraient s'identifier, ni d'être l'objet de notre antiracisme de dames patronesses. Il faudrait donc demander aux professeurs des écoles d'abandonner leur bizarre africomania, tout particulièrement pour le bien des enfants d'origine africaine qui vivent en France et qui, appelés à devenir des citoyens français, devront d'abord être instruits de l'histoire de leur patrie. Et ce n'est pas hypocrisie, mais pédagogie bien entendue, que d'attendre une époque où les esprits commencent d'être instruits et formés pour présenter une histoire de l'Afrique, sans doute infiniment plus complexe que nos enseignants militants ne l'imaginent et qui ne se réduise pas au récit des traites négrières ni aux horreurs de la colonisation, laquelle gagnerait d'ailleurs, elle aussi, à être envisagée historiquement, et non comme une suite de clichés pour militants tiers-mondistes en mal de légitimité.

Je m'en fus ainsi vendredi visiter deux stagiaires. L'une excellente, bien formée, intelligente, instruite, qui savait solliciter la réflexion de ses élèves, l'autre, qui avait transformé sa classe en centre de loisirs et s'égosillait tandis que les enfants, indifférents, vaquaient à leurs amusements. Impossible d'imaginer des attitudes pédagogiques, des niveaux de culture, des personnalités plus dissemblables. Eh bien, tous deux partageaient un souci commun : la lutte contre le racisme. La leçon de français de la jeune femme s'appuyait sur un petit ouvrage (de littérature de jeunesse) qui dénonçait l'esclavage aux Etats-Unis. J'eus beau lui faire remarquer que les faits incriminés étaient vieux de cent cinquante ans et remontaient à une époque dont ses élèves, au demeurant, ignoraient tout, aux Etats-Unis comme en France et dans le reste du monde, la maîtresse me répondit que le roman choisi était quand même actuel puisque le narrateur était l'arrière-petit-fils du héros. D'ailleurs, l'histoire n'importait pas vraiment ; elle était prétexte au projet de classe : composer une affiche qui devait être montrée et commentée aux autres élèves de l'école pour commémorer l'abolition de la traite négrière.

L'après-midi donc, autre école, de cité cette fois, et classée ZEP. Des élèves de cours préparatoire répètent une chanson en ghanéen ! Je crois de mon devoir de faire remarquer au maître que les enfants ne comprennent pas un mot de ce qu'ils chantent. « Ils sont pas les premiers ! » me répond-il. Je le reprends sans rien provoquer qu'un sourire vaguement entendu. Les mêmes élèves lisent ensuite la fiche technique de dominos africains qu'ils ont eux-mêmes confectionnés et sur lesquels les nombres sont remplacés par de petits dessins ethniques, ce qui facilite évidemment l'apprentissage de la numération, objectif affiché de cette leçon « transversale ». Vient la récréation, suivie de la fabrication de poupées africaines dont le modèle est emprunté à un album sur l'Afrique. Je m'en vais avant que les poupées, formées de languettes de bois entrecroisées entortillées de scotch de couleur, n'aient reçu l'*african touch* finale : perles et plumes, mais j'ai tout de même le temps de signaler au stagiaire qu'en un après-midi tout entier, ses élèves n'auront rien, strictement rien appris, pas un seul mot nouveau, pas même à situer l'Afrique sur une mappemonde, et moins encore le Ghana, ce dont, manifestement, il se moque éperdument.

Et encore : 22 mai, autre visite dans une autre classe de CE1-CE2. La maîtresse demande aux enfants : « Qu'avons-nous commémoré le 8 mai ? » Je m'étonne parce que la Seconde Guerre mondiale n'est pas au programme de ces petites classes et que je n'ai jamais entendu qu'on célébrât dans les écoles primaires la défaite de l'Allemagne nazie[1]. Mais non ! Il s'agit de l'esclavage et de son abolition ! Dernier épisode (pour cette année scolaire-ci), dans une bibliothèque de classe, je tombe sur un album de littérature de

1. Au reste, les commémorations de l'abolition de l'esclavage ont lieu le 10 mai. Si la maîtresse a commis un lapsus, je laisse au lecteur le soin de l'interpréter.

jeunesse qui a pour thème un rêve d'enfant d'une poignante nostalgie : *Quand je serai grand, je serai africain.*

Le résultat de ces partis pris n'est évidemment pas de familiariser les enfants avec la réalité présente ou passée de l'Afrique, mais de leur faire adorer une icône, la *Mater dolorosa* de la religion nouvelle. Car cette Afrique à l'usage des écoliers et de leurs instituteurs a cessé d'être un continent pour dériver vers l'utopie et incarner l'Altérité universelle, d'autant mieux que plus rien ne rappelle aux enfants qu'ils vivent dans un pays déterminé et non dans un éther transnational où seules les différences auraient encore droit de cité. Ainsi, que dit-on aux petits lorsqu'ils s'insultent et se traitent ? « Vous êtes tous différents, vos parents viennent de pays étrangers, et c'est dans vos différences que résident vos qualités, c'est parce que vous êtes différents que vous devez vous respecter, vous montrer tolérants, généreux, pratiquer le partage, etc. ! »

Qu'on me permette encore un exemple : j'ai dû diriger un de ces innombrables mémoires professionnels consacrés à « la lutte contre le racisme et l'aide au développement de la tolérance en cycle 3 » (les deux dernières années de l'école primaire), dont l'essentiel consistait à faire découvrir, grâce à divers « supports », les pays d'où venaient les familles des écoliers. Cette « activité citoyenne » aurait tout de même pu servir d'amorce à un cours de géographie. Las ! Il ne s'agissait que de repérer puis de dessiner les petits drapeaux des pays identifiés. Les drapeaux étaient différents, les enfants aussi, et tous avaient également droit au respect. De plus, l'institutrice, qui entendait faire appel au « vécu » des élèves, était tellement soucieuse de souligner leur origine et de les accommoder à leurs racines que leur condition actuelle d'écoliers français était complètement passée sous silence, comme s'il s'agissait d'un fait entièrement contingent et, pour tout dire, insignifiant. Il me parut donc utile de lui faire remarquer que le commun dénominateur de tous ces enfants était de vivre en France, de fréquenter une école française et d'apprendre, si possible, le français. A ces mots, la jeune femme me regarda, éberluée, tombant littéralement des nues, comme si je proférais une incongruité.

Je pus donc vérifier une fois encore que la correction politique qui proscrit toute référence nationale se combine avec un étrange snobisme qui n'estime rien tant que l'exotisme et accorde une valeur quasi mystique à tout ce qui se présente comme lointain mais, par-dessus tout, différent. Nos salles de professeurs regorgent ainsi de précieuses qui se pâment au seul mot d'altérité. Corrélativement, le rejet de l'autre et l'exclusion suscitent une horreur sacrée qui tient du réflexe pavlovien. Je demande au lecteur comment, dans ces conditions, les enfants de familles étrangères pourraient bien s'intégrer à quoi que ce soit ? Comment apprendraient-ils à respecter et, peut-être, à aimer un pays dont ils ignorent l'histoire, la géographie, la littérature, les contes, les légendes et les chansons ? Comment se sentiraient-ils accueillis dès lors que nous avons renoncé à être nous-mêmes, au point de supprimer du calendrier scolaire jusqu'au nom des fêtes catholiques qui sont, qu'on le veuille ou non, les fêtes de tous les Français, comme si nous élevions désormais l'amnésie historique à la sacralité d'une cause citoyenne ?

Racisme

Suis-je bien fondée à tirer des conclusions si générales ? On m'objectera que je ne visite qu'un petit nombre de classes, une quinzaine chaque année, qui, toutes, dépendent des mêmes inspecteurs. Pourtant j'ai, dans l'une d'elles, déniché un petit ouvrage destiné à tous les élèves de l'enseignement primaire et publié avec le soutien de Mme Ségolène Royal, ministre déléguée à l'Enseignement scolaire. Ce livret est donc normalement présent dans toutes les écoles et s'intitule : « Pour dire NON à l'intolérance et au racisme ». Je le résume ici :

Premièrement, apologie générale de la différence : « Si on était tous pareils, quel cauchemar ! »

Secondement, heureusement, « ce n'est pas comme ça : il y a des grands, des petits, des vieux, des jeunes, des gens qui ne voient pas, des gens qui n'entendent pas, des gens qui se déplacent en petite voiture, des Noirs, des Blancs et des Jaunes » (on les voit d'ailleurs dessinés !) et encore : « des coléreux et des timides, et puis des chrétiens, des juifs et des musulmans » (également dessinés). Sans compter des « porteurs d'autres différences[1], culinaires, musicales, les habits, les langues », etc.

1. L'élégance de l'expression n'échappera pas au lecteur. Signifie-t-elle que la différence est accessoire ou le « porteur » contingent ? Je ne parviens pas à trancher.

En troisième lieu viennent les recommandations pour mieux vivre ensemble. Les auteurs constatent qu'avec toutes ces différences, ce n'est quand même pas si facile ! Ils prodiguent donc les conseils suivants : « Sois tolérant, juste, ouvert. » Apprends, (illustration à l'appui) chez ta petite camarade algérienne à manger le couscous avec les doigts (la fourchette, c'est sûr, ça fait plouc). Et puis, « interroge les gens plus savants que toi ». (Et voilà le savoir de retour !)

In fine vient l'appel à la délation : « Si tu vois ça (une attitude raciste), ne le garde pas pour toi. Dis-le à un grand, à ton instituteur, à tes parents. Ils pourront agir. Car les insultes et les gestes racistes, c'est puni par la loi. »

On ne saurait évidemment imaginer bondieuserie « citoyenne » plus niaise et plus fausse. La tolérance, le respect, le sentiment de la justice ou la sympathie pour l'étranger ne procèdent pas d'une intimidation morale qui repose sur des oppositions bidon : gras et maigres, nègres et juifs, aveugles et paralytiques ! La capacité à surmonter la méfiance et les préjugés, à se libérer du cercle étroit de la coutume, des particularités de son milieu, s'acquiert par l'étude, au premier chef, on m'excusera d'y insister, par l'étude de la littérature et de l'histoire et non par le radotage propitiatoire : « Tous différents, donc tous égaux, donnez-vous la main, aimez-vous les uns les autres, embrassez vos petits amis et bonne nuit, les petits ! » De même qu'il ne suffit pas, comme me le faisait remarquer un étudiant spirituel, de préférer le couscous au steak-frites pour se démarquer du Front national. Mais le principal demeure que les dénonciations rituelles du racisme, de l'intolérance, de la xénophobie sont d'autant moins efficaces qu'elles sont sélectives et se font à rebours de ce que l'expérience permet généralement d'observer. Car, dans l'opuscule susmentionné, les racistes, ce sont, bien sûr, les petits Blancs. Ce sont eux qui traitent l'enfant asiatique de « chinetoque » (insulte d'un autre âge qu'en trente ans je n'ai pas entendu une seule fois proférer), eux qui se méfient des « enfants d'origine étrangère ». De même ce sont de grands Blancs (accompagnés d'un pitbull, par souci de vraisemblance, sans doute !) qui aboient des menaces à l'encontre d'un petit beur apeuré, relégué dans un coin de l'image. Mais de « bâtard », de « nique ta mère », d'« enculé de ta race », il n'est pas question. Ainsi, non seulement ce petit brûlot est malhonnête, mais il est contre-productif. Car les jeunes Blancs, « Jean-Claudes », « Fromages » et autres petits « Souchiens » qui fréquentent lycées et collèges, ne sont pas, dans leur très grande majorité, agressivement racistes, xénophobes ou antisémites (ce dernier point est d'ailleurs curieusement passé sous silence par le petit livre en question). Pour autant que je puisse en juger d'après mes propres élèves et étudiants, ils sont même, dans bien des cas, particulièrement empathiques et même empressés, me déclarant à l'occasion, tout en se disant athées, qu'il est « de notre devoir de comprendre la foi de nos camarades musulmans », tandis que les racismes interethniques se sont répandus, quant à eux, dans les « quartiers » à la vitesse de l'incendie et font désormais partie des comportements quotidiens.

L'ignorer au bénéfice d'un racisme imaginaire imputé aux seuls skinheads, suppôts de Le Pen et autres utilités rituellement incriminées, c'est, en premier lieu, mentir et laisser le terrain libre aux racismes réels. C'est, en second lieu, établir une différence de traitement entre les supposés racistes décidément infréquentables et les autres qui, quoi qu'ils fassent, peuvent prétendre à toutes les excuses, ce qui n'est certes pas le meilleur moyen d'assurer leur intégration ni de conforter leur sentiment d'appartenance à notre nation. De même que ce n'est pas en allant explorer une savane d'opérette que l'on permettra aux petits Africains de s'acclimater à la civilisation du monde occidental auprès duquel leurs parents sont venus chercher refuge et subsistance, ni en caricaturant inlassablement l'histoire de la colonisation, en supprimant les arbres de Noël dans les préaux et la distribution, en maternelle, des Saints-Nicolas en chocolat que l'on aidera les petits musulmans à sympathiser avec le pays qui les accueille. Il est d'ailleurs comique d'observer nos Trissotins du multiculturalisme, idolâtres de toutes les différences, ne point oser franchir le seuil d'une église au prétexte que certains de leurs élèves sont musulmans. Ce pathos ethnique, réduit à sa plus simple équation, signifie simplement ceci : ce qui est nôtre est mauvais, ce qui est autre est bon. Mais comme ni ce qui est autre ni ce qui est nôtre n'est plus connu, l'exaltation de la diversité des cultures conduit à leur effacement, le scintillement des différences s'éteint dans le brouillard de l'indifférencié, tandis que la connaissance des grands moments et des grandes œuvres de la civilisation survit à peine, reléguée dans quelques départements universitaires, conservée par quelques professeurs dont tout le monde ignore les noms et les travaux parce qu'ils ne sont généralement pas vus à la télé.

Sans doute ai-je tort de m'attarder, mais je ne puis taire le tort causé par la sentimentalité ignorante et larmoyante de l'antiracisme scolaire à des milliers d'adolescents que l'on grime en victimes et que l'on décourage par avance de consentir les efforts nécessaires pour réussir leurs études et trouver une place honorable dans la société. Ne serait-il pas plus sain, au lieu des litanies sacrées sur la discrimination et l'exclusion, de les encourager en leur tenant un discours analogue à l'exhortation que Freud adressait à Karl Abraham, son disciple, auquel il écrivait : « Cela ne fait pas de mal à un homme jeune comme vous d'être poussé violemment dans la vie *au grand air* et votre condition de Juif, en augmentant vos difficultés, aura comme pour nous tous, l'effet de manifester à plein vos capacités[1] » ? Pourquoi ce qui valait, voici tout juste un siècle, pour un jeune médecin berlinois, serait-il inopérant de nos jours pour les élèves maghrébins, africains, turcs, etc. ? Qui a d'ailleurs supposé qu'un jeune Malien, qu'une petite Beurette étaient incapables de s'intéresser à l'histoire de France, ni d'ailleurs à aucune histoire (hormis, derechef, la traite !) ? Qu'ils ne devaient pas apprendre le latin, ni lire Racine, qu'il ne fallait pas leur enseigner une grammaire normative, ni, je me répète, le subjonctif, le conditionnel, le passé simple ? A quoi donc s'intégreront-ils, à quoi s'identifieront-ils si nous ne les intéressons à rien, si nous ne leur montrons rien de beau ni de grand, si, au prétexte que leurs parents viennent des Antilles et sont descendants d'esclaves, nous ne leur présentons en guise d'histoire qu'un long passé de colonialisme et d'esclavagisme, un présent néocolonial, un avenir de galère, d'échec et d'exclusion, auquel nous nous avouons au surplus impuissants à les soustraire à cause de la mondialisation ? Ignorons-nous que toute identification est par principe imaginaire et que rien, sauf notre école devenue « citoyenne », n'interdit à un petit garçon, fût-il noir comme du charbon, de rêver aux exploits du chevalier Bayard, ni à une petite Malika de s'imaginer en sainte Geneviève sauvant Lutèce des Barbares ? Ou bien pensons-nous qu'il n'est plus nécessaire, comme l'écrivait Freud, de « manifester à plein ses capacités » ? Ou croyons-nous, sans oser nous l'avouer, que

1. Sigmund Freud, Karl Abraham, *Correspondance*, 1907-1926, Paris, Gallimard, 1969.

ces enfants en sont incapables (auquel cas les racistes ne seraient pas tous dans les rangs du Front national) ? Ou n'avons-nous plus le courage d'imposer la discipline sans laquelle ce but ne saurait être atteint ? Ou bien encore tout nous est-il devenu indifférent parce que nous ne croyons plus à rien, que nous nous foutons de tout, sauf de nous, et que sommes au surplus résignés à notre prochaine disparition ?

INTIMIDATION

Cet antiracisme indéfiniment proclamé n'est pas seulement nocif pour les adolescents. Il complique singulièrement la tâche des professeurs qui, redoutant les réactions de certains de leurs élèves africains ou maghrébins, hésitent à leur infliger les sanctions nécessaires. Sans doute ne sommes-nous pas tous lâches, mais nous reculons devant ce qui pourrait être source de conflit, tout particulièrement lorsque nous risquons de nous voir accusés du sacrilège suprême, ce qui, je me dépêche de l'ajouter, est absurde, parce que racistes, justement, les professeurs, dans leur immense majorité, ne le sont pas. Pourtant ce soupçon est omniprésent à l'école, au collège, au lycée. Il s'est pour une part développé comme un phénomène d'autosuggestion, particulièrement durant les années Mitterrand, lorsque la dénonciation du « lepénisme rampant » devint le motif favori de la gauche qui l'orchestra avec succès. Cette culpabilité virtuelle extensible à l'infini, qui permet de jeter le discrédit et le soupçon sur tous ceux qui résistent à l'intimidation morale ambiante, est désormais mise à profit par ceux des élèves qui en sont devenus les bénéficiaires sans l'avoir le moins du monde sollicité. Car tout en continuant à se « traiter » entre eux à qui mieux mieux, à se mépriser, à se discriminer au nom de particularités ethniques qui échappent à l'œil de leurs enseignants et leur sont, au surplus, entièrement indifférentes, ils sont devenus prompts à entonner les sauvages péans de l'antiracisme sitôt qu'ils font l'objet de sanctions causées par leur médiocre travail ou leur indiscipline. Ainsi l'appartenance à une minorité ou, comme l'on dit désormais, à une « communauté », a-t-elle pris pour certains élèves valeur de sauf-conduit, d'autant qu'ils sont, hors du cadre scolaire, victimes de vexations réelles qu'ils s'ingénient d'ailleurs à l'occasion à susciter, par défi, par jeu ou pour tester le rapport de force avec ceux qu'ils provoquent.

Je me suis, moi aussi, plus d'une fois par lâcheté laissé intimider et j'ai réprimandé moins vivement, noté moins mal des élèves blacks ou beurs, parce que je craignais des réactions disproportionnées et que je savais en outre ne pouvoir compter sur aucun soutien si quelque conflit sérieux survenait. Je pourrais citer par dizaines les situations où j'ai fermé les yeux, feint de n'avoir rien entendu, réprimé mon exaspération, reculé devant une sanction pourtant nécessaire parce que j'appréhendais non seulement la réaction de l'élève et de sa famille dont, à l'occasion il me menaçait, mais plus encore de souffler sur les braises du ressentiment éparses dans ma classe au point où elles viendraient à s'embraser. Une beurette, par exemple, médiocre et désagréable élève, me poursuit avec une obstination que rien ne décourage parce que j'ai « saqué » sa dissertation en réalité surnotée au bénéfice du doute. Après lui avoir patiemment répondu, lui avoir expliqué sa note sous toutes les coutures en taisant prudemment l'argument principal : les quatre cinquièmes de la copie sont pompés – où ? Je ne me soucie justement pas de l'aller chercher –, je finis par lui dire que « nous ne sommes pas là pour jouer les marchands de tapis ». Malheureuse expression ! Fatale parole ! Aussitôt sa voisine black, transportée d'aise, se dresse et siffle comme un cobra l'accusation suprême : « *Raciste !* » On voit bien, enfin ! que je le suis, *raciste*, que je tiens des propos *racistes*, etc. Le bon sens, la décence, mieux encore, le simple souci de la discipline exigeraient que j'exclue cette élève sur-le-champ, ou plutôt que je l'envoie fissa chez le proviseur. Mais la première possibilité m'est barrée : les élèves sont tenus d'assister aux cours quoi qu'ils fassent ou disent et les professeurs tenus de les y admettre, quant à la seconde, le lecteur comprendra plus loin pourquoi je n'y puis recourir. Je me réfrène donc et tente une mise au point aussitôt suivie d'une nouvelle explosion : « Alors, c'est quoi les marchands de tapis, hein c'est quoi, c'est le souk et le souk, c'est quoi ? C'est les Arabes, hein, c'est qui, sinon ? » Je n'ai bien sûr pas le temps d'expliquer, il me faudrait cinq minutes de calme, qu'une expression figurée, au surplus passée dans la langue, ne doit pas être prise au sens propre (la plupart des élèves de cette classe ignorent sans doute ce que sont sens propre et sens figuré) ; moins encore, que ladite expression s'applique très exactement aux simagrées de N., à ses récriminations outragées, à sa mauvaise foi, à ses menaces, à ses simulacres hystériques. Déjà la classe, consumée d'enthousiasme, s'enflamme, déjà je redoute d'être convoquée par l'administration, de devoir me justifier face au proviseur, aux parents. Par chance le délégué des élèves, un gentil cossard qui, je ne sais pourquoi, m'a à la bonne, parvient à calmer les esprits et je peux, pour cette fois, vaille que vaille, achever ma leçon.

J'ai moins de chance quelque temps plus tard, dans une circonstance analogue. A bout de patience, après vingt minutes d'un cours pénible qui n'avance pas, de bavardages incessants, de menues provocations (comme de faire délibérément tomber le classeur d'un copain dont les feuilles se répandent sur le sol, de lui piquer sa trousse, pour provoquer la pseudo-colère de l'intéressé qui requiert aussitôt l'intervention empressée des camarades des deux bords, de froisser ostensiblement le texte que je viens de distribuer et sur lequel chacun est censé exercer une réflexion critique, ou de le repousser ostensiblement, sans même y jeter un regard, au bord de son bureau. Ou bien encore, de roter en s'écriant à haute et intelligible voix : « Amdulhah » (pratique qui, je dois le préciser, n'est plus réservée aux seuls élèves musulmans), je tance un garçon, arrogant, grossier, paresseux, quasiment inculte, indiciblement satisfait de lui-même et vautré dans sa nullité. Son copain, là encore, vole à son secours ; je lui dis également son fait, puis me retourne pour achever la phrase que j'ai commencé d'écrire au tableau. J'entends alors le « jeune » prévenir l'offensé à haute et intelligible voix que « celle-là (moi) il va lui mettre sa bite dans l'cul ». Je me retourne et demande à l'enculeur : « Qu'avez-vous dit ? » Silence. J'insiste. Silence. J'hésite : le mettre dehors ? Sortir moi-même ? Suspendre le cours jusqu'à ce qu'il se dénonce et, si possible, s'excuse ? Mais « personne a rien dit, nous on a rien entendu ! ». Et puis, j'y reviens, par la grâce de Ségolène Royal, je n'ai pas le droit de mettre un élève à la porte. J'achève donc ma leçon, la rage au cœur, remâchant au surplus une récente accusation de mon proviseur : « je méprise les élèves », en d'autres termes, encore un coup, je suis raciste ! Sitôt l'heure achevée, je me précipite donc chez ledit proviseur avec, je l'avoue, une joie maligne pour lui relater l'incident. « Que faisiez-vous donc pendant ce temps-là ? » me demande-t-il aussitôt, avec une feinte innocence.

Je n'ai pas la présence d'esprit de lui répondre que, justement, je faisais la danse du ventre recto verso sur mon estrade. J'énonce platement le fait : « J'écrivais au tableau. » Aussitôt la repartie fuse : « Vous tourniez le dos à la classe, vous n'avez aucune preuve ! »

Les racines de la délinquance

Comment en sommes-nous parvenus à ce point ? On ne saurait le comprendre sans suivre quelques-uns de ces enfants qui franchissent le seuil de l'école maternelle d'une de ces fameuses cités où les rideaux de fer des magasins sont, à toute heure du jour, à demi baissés, où l'accès à la pharmacie, délibérément entravé, est limité à une seule personne, où l'école elle-même se trouve emballée dans une sorte de grillage qui la protège d'éventuels jets de pierres et de futurs cocktails Molotov. On remarquera en premier lieu une grande et belle cour tapissée d'une matière plastique souple et molle pour éviter que les enfants ne se blessent, principe de précaution exige ! mais aussi dans le but de parer à quelques petits soucis avec les parents : « C'est qui qui l'a fait tomber, ma fille ? demande, dans le bureau de la directrice, un père, ancien militaire, qui est entré dans l'école armé (d'un flingot). C'est qui ? J'vais l'tuer ! » Passons ! Ce revêtement antidérapant protège les mioches, non seulement des plaies et des bosses mais de tout contact avec les choses, la terre, les cailloux, l'herbe, la boue, les brindilles, les marrons, tout ce qu'ils pourraient triturer et observer, tout ce qui leur permettrait, si peu que ce soit, de faire l'expérience de quelque chose et, par là, de soutenir leur curiosité.

On admirera encore la nouvelle architecture scolaire, les halls lumineux, les belles salles de motricité, les toboggans, cerceaux, et agrès nécessaires aux ébats des petits que nous allons maintenant voir s'exercer. Voici donc O., deux ans trois quarts, et D., trois ans, qui se bousculent pour accéder au plan incliné, se laissent glisser les yeux dans le vague puis remontent le long de l'échelle et, comme dit leur maîtresse, dûment instruite par ses formateurs des IUFM, « participent aux activités au sein de leur groupe de pairs ». Pour quel bénéfice ? Que font-ils de plus que dans la cour de leur cité où se trouvent également un toboggan, des balançoires, etc. ? Rien ! Pour la simple raison que personne ne s'adresse à eux et qu'eux-mêmes ne parlent pas. Certes la maîtresse a dit le matin « Bon-jour » à chaque petit, sans se soucier d'un signe d'assentiment ou d'une réponse, puis chacun s'est assis dans son atelier : pâte à modeler, coloriage, enfilage de perles où « il a fait », puisque, comme j'en ai déjà instruit mon lecteur, « c'est en faisant qu'on apprend ». Ensuite, il a entendu son institutrice lire (et non pas raconter !) une histoire à laquelle il n'a rien compris car, premièrement, il ne parle pas français chez lui et, secondement, chez lui, on ne parle pas du tout : on crie pour couvrir le bruit des télés câblées, du magnétoscope et autres moyens modernes de communication.

Je remâche tout cela et surmonte mes mauvaises pensées pour considérer mes petits sujets. Peu soignés (le temps des survêtements Lacoste ou Ralph Lauren est encore loin), des visages tout enchifrenés, mal réveillés, une expression éteinte, un inintérêt buté pour ce qui les entoure, d'un mot, rien de très engageant. J'assieds l'un des petits garçons face à moi et pousse vers lui un ballon en scandant « à toi », « allez », « à moi ». Il comprend, me regarde un peu de biais et le ballon roule de moi à lui, de lui à moi avec, à chaque fois, un peu plus de conviction, un peu plus d'adresse. Ce serait le moment d'amorcer la conversation : « plus vite », « plus loin », « plus fort », « vers la droite, et maintenant vers la gauche », ou, comme dirait la maîtresse, « de faire entrer O. dans les apprentissages », bref de l'introduire au langage humain, non certes à la « communication », mais à la parole échangée entre deux interlocuteurs, l'un actif, l'autre, provisoirement passif, moi d'abord, puis quelque temps plus tard, comme il m'est arrivé d'en faire l'expérience, lui. O. prendrait alors peu à peu confiance dans la parole, et peut-être même y prendrait-il goût. Il apprendrait à nommer les objets qui se trouvent dans sa classe au lieu de s'en saisir convulsivement, à écouter la maîtresse au lieu de l'ignorer, à mémoriser des comptines, à chanter des chansons, à s'appliquer à ses coloriages, et finalement, comme tous les petits enfants du monde, à se régaler d'une histoire.

Seulement, c'est bientôt la récré, je m'en vais, je ne reverrai plus O. ni son copain D. qui resteront sans doute ce qu'ils sont : des petits garçons mutiques, déprimés, infirmés dans leur rapport à autrui, souvent aussi dans leur adresse corporelle jusqu'au moment, d'ici deux à trois ans, où leur maîtresse s'apercevra qu'ils piquent les chips de leurs copains ou les feutres de la classe, d'un mot, qu'ils commencent ainsi à basculer dans la menue délinquance scolaire.

Il existe dans les classes de ZEP mais aussi bien partout ailleurs des milliers de ces malheureux enfants, et j'ai fait des dizaines de fois des expériences analogues. Elles m'ont enseigné en premier lieu la faramineuse, l'abyssale inégalité entre les petits qui fréquentent l'école maternelle. En second lieu, l'impuissance de cette école, dans son état présent, à corriger ces inégalités dont les racines ne sont ni matérielles (richesse ou pauvreté des familles), ni ethniques (ou, comme disent les sociologues, « culturelles »), mais avant tout, morales. Car les enfants de milieux défavorisés, qu'ils soient étrangers, français d'adoption ou d'origine, sont d'abord ceux qui, au sein de leurs familles, sont privés de la première éducation qui les aurait conduits au seuil de la parole et aurait commencé d'ordonner leurs pulsions. Il suffira au lecteur pour s'en convaincre d'observer, dans les transports en commun, comment leurs mères se conduisent avec ces petits. Elles ne s'adressent à eux, souvent même sans les regarder, que pour leur intimer des défenses : « Fais pas, touche pas, tais-toi ! » Elles ne savent pas répondre à leurs questions, moins encore les aider à les formuler, ni donner sens au peu de réalité que leur milieu leur permet de découvrir. Que le bébé d'un an, de dix-huit mois se tortille dans sa poussette, désigne du doigt quelque chose qui l'intrigue, interroge, non par des mots mais par toute son attitude, par tout son petit corps tendu vers un inaccessible objet, sa mère lui signifie par son indifférence, par son silence, par sa mine maussade qu'il la gêne. Qu'il insiste, qu'il pleure parce qu'il n'a pas reçu de réponse ou parce qu'il s'ennuie, ou pour toute autre raison, la sacro-sainte tétine lui est enfoncée dans la bouche, sans un regard, avec la même expression maussade ou inquiète : « Suce et tais-toi ! »

Que l'on imagine la même impasse se reproduisant des centaines, des milliers de fois dans les premières années de l'enfant, au supermarché, à la maison, devant l'omniprésente, la tonitruante télévision qui le happe dans un maelström de non-sens et lui impose le spectacle fascinant d'une violence inintelligible et l'on comprendra qu'un tel enfant vit emprisonné en lui-même, rivé à la satisfaction répétitive de ses besoins qui, seuls, sollicitent sa mère, qui, seuls, attirent son attention, tandis que ce qui pourrait éveiller son intelligence est ignoré d'elle et, par-là même, discrédité. L'on comprendra alors aisément qu'un tel enfant lorsqu'il entre en maternelle soit déjà un infirme du langage, son intelligence, développée par bribes et au hasard, un chaos où des représentations confuses, des affects violents mènent une sarabande infernale. Le désespoir de n'être pas reconnu comme un interlocuteur digne d'intérêt, la dépression d'un être littéralement déshumanisé faute de contacts sensés avec ses proches s'installent peu à peu chez celui qui ne parvient pas à se faire entendre des familiers qu'il aime et qui vit, durant ses deux ou trois premières années, une sorte d'autisme imposé. Insistons encore : les aptitudes d'un enfant à réussir sa scolarité et, plus largement, comme l'on dit, à se socialiser, ne dépendent pas, contrairement au préjugé généralement admis, du niveau économique ou social de sa famille, mais du soutien que reçoit, dans les premières années de sa vie, son appétit d'intelligence et de relations.

A l'inverse, des parents, même très pauvres, même très peu instruits mais qui vivent en bonne entente et voient dans leur progéniture, selon l'expression consacrée, le fruit de leur amour, sont naturellement réceptifs au désir d'humanisation de leur enfant. Ils savent intuitivement l'éduquer sans avoir besoin d'une école des parents, ni du sinistre bla-bla psychologique dégoisé par les médias ; ils l'initient à leurs intérêts, aux tâches de leur vie quotidienne, l'introduisent à l'intelligence des liens familiaux et, par leurs exigences, lui signifient sa dignité. Un tel enfant, lorsqu'il entre en maternelle, même si son langage est peu développé, même si son univers culturel est rabougri, est apte à profiter de tout ce que l'école pourra lui apporter et à progresser par la suite à proportion de ses ressources propres et de la qualité de l'enseignement qu'il recevra. Il n'éprouvera pas, en tout cas, une fois l'adolescence venue, la fameuse haine qui trouve dans la critique de la société un alibi commode et dans sa destruction mimée une satisfaction de substitution mais procède au vrai de cette première carence éducative, parfois de ce véritable abandon moral, qui condamne tant de petits à une position dépressive contre laquelle ils se défendent, en grandissant, à coups d'« incivilités ».

Du reste, je n'entends d'ailleurs nullement excuser ou minimiser les actes délictueux que ces enfants commettent, une fois adolescents. Mais qu'ils soient dealers, drogués, violents, violeurs, voleurs, incendiaires, tricheurs, d'une grossièreté repoussante et d'une sauvagerie effrayante n'ôte rien au fait qu'ils sont d'abord profondément déstructurés et, pour dire le fond de ma pensée, déshumanisés. L'habitude ou le désir de considérer les comportements déviants comme les conséquences de la sainte trilogie : « inégalités, racisme, exclusion » (mot absurde puisque notre société à travers toutes ses institutions s'efforce malgré tout inlassablement d'inclure tous ceux qui veulent vivre hors d'elle et, si possible, contre elle) suppose que les jeunes délinquants seraient victimes de la société. Non ! Ils sont d'abord victimes de leurs parents, eux-mêmes déglingués, de pères trop âgés, fatigués qui retournent passé cinquante ans chercher une dernière épouse au village, ou bien de géniteurs irresponsables qui sèment des enfants au hasard ; ils sont coincés entre les diverses traditions de leurs pays d'origine et notre éducation sans obligations ni sanctions ; ils sont aussi fréquemment le seul viatique de mères expatriées, arrachées à leur famille, à leur petite communauté villageoise ou bien aux bidonvilles des métropoles africaines, illettrées, précipitées sans aucune transition du tiers-monde dans l'Eldorado français, soit dans la jungle de nos villes, en un pays dont elles ne comprennent ni les mœurs, ni l'esprit, ni, parfois, la langue, dont la culture, l'histoire et les lois leur demeurent inintelligibles. Lorsque ces mères sont de famille française, il s'agit bien souvent de toutes jeunes femmes à peine sorties de l'adolescence, sans maturité, sans beaucoup d'instruction, sans ressources et sans projet qui ont naïvement cru s'attacher le garçon qui les a mises enceintes et qui, une fois plaquées, trouvent une réassurance trompeuse dans leur nouveau statut de mère célibataire, lequel procure, outre quelques ressources, une sorte de respectabilité à ces malheureuses, ce qui les conduit à l'occasion à enchaîner les grossesses sans se soucier du devenir de leurs enfants.

D'ailleurs que pourraient-elles faire ? En admettant même qu'elles décrochent un petit boulot, les cantines à l'école, des ménages, qu'elles soient embauchées comme assistantes maternelles, comment élèveront-elles leurs petits auprès desquels défilent des tontons de hasard ? Et d'ailleurs que disent-elles, toutes ces jeunes femmes, françaises ou immigrées, convoquées à l'école, au collège, au commissariat ? Qu'elles « n'y arrivent pas » ! Elles n'arrivent pas à empêcher leurs fils de traîner dans la cité, de sécher les cours, de malmener leurs professeurs, de se laisser subjuguer par les caïds grands et petits devant lesquels, faute d'autorité paternelle, justement, ils sont en adoration, prêts à faire n'importe quoi pour un regard de faveur, une parole d'approbation et, bien sûr, pour de la « thune ».

La confirmation *a contrario* de ce que je soutiens ici est apportée par les enfants d'origine asiatique qui ne jouissent certes pas, lorsqu'ils s'installent en France, de conditions plus favorables que les autres immigrants, et doivent de plus surmonter le considérable obstacle de la langue ! Eh bien, ceux-là qui apprennent leurs leçons, s'appliquent à leurs devoirs, triment après leurs heures d'école dans les petits business familiaux, sont rarement délinquants, violents ou chômeurs et trouvent aisément leur place dans la société. Ils ne revendiquent aucun droit à la différence, aucun statut particulier, aucune exception ni dérogation. En outre, ils sont le plus souvent gais, souriants, amènes, se marient de bonne heure et se dépêchent de fonder des familles. Je n'ai garde de dresser, ce qui serait détestable, quelque palmarès des communautés. Je sais que la population asiatique compte, comme n'importe quelle autre, son lot de grands et petits malfrats, mus par un goût impénitent de l'argent ; du moins ceux-ci ne s'en prennent-ils pas par principe aux institutions publiques ni aux manifestations extérieures de l'ordre social ; ils ne mettent pas le feu aux écoles maternelles et ne vandalisent pas les salles de sport. Si j'écarte, ce que je fais par conviction, toute causalité raciale, que reste-t-il ? L'explication par la famille et par l'éducation ! Il suffit de voir, dans les restaurants populaires des quartiers chinois, ces grandes tablées joyeuses et bruyantes où les petits passent de genoux en genoux, cajolés, taquinés par la tribu des oncles, tantes et cousins, pour comprendre qu'ils se développent au sein de familles dont les structures demeurent solides. Ils ont une mère *et* un père. Ils ne font pas l'objet de la préoccupation anxieuse de leur(s) parent(s), comme c'est aujourd'hui le cas dans tant de familles ou pseudo-familles françaises qui ont perdu, ce que je tiens d'innombrables institutrices de maternelle, jusqu'aux notions les plus élémentaires d'éducation, mais ils ne sont pas non plus délaissés, comme tant d'enfants maghrébins ou africains que l'on voit, tout petits, traîner dans les cités avec, pour seuls tuteurs, des grands frères ou cousins déjà délinquants. Aussi, en grandissant deviennent-ils généralement bons élèves et, tout en conservant les us et coutumes qui se sont maintenus dans leurs familles, tirent-ils parti des opportunités qui leur sont accessibles au sein de la société où leurs parents se sont établis.

Encore des exemples

On aurait pu s'attendre à ce que notre école, si soucieuse des « élèves en difficulté », les secoure en imposant quelques-uns des grands interdits, inhérents à la vie civilisée – il n'en est rien ! Je me souviens par exemple de la protestation horrifiée qui accueillit, voici presque quinze ans, mon plaidoyer en faveur d'une sanction à l'encontre de deux élèves de première qui avaient volé des camarades. Lors de la discussion qui s'ensuivit, l'un de mes collègues qui se faisait l'écho de la commune indignation, m'apostropha : « Alors, l'ordre moral, "Travail, Famille, Patrie", c'est ça ta conception de l'éducation ? » Je ne tenais ce professeur ni en sympathie ni en estime mais il réussit tout de même à m'intimider car je n'aime pas, moi non plus, passer pour facho, réac, pétainiste ou lepéniste. Je m'interdis donc de lui répondre qu'en effet je jugeais nécessaire de punir, dans l'intérêt général, et aussi dans leur intérêt particulier, les élèves qui commettaient des vols.

Mais de quoi s'agissait-il au fond ? De ceci que j'osais, en proposant une sanction, affirmer le principe d'une loi. Mon collègue était assurément plus autoritaire que moi, qui le suis très peu, mais cette salubre discipline ne s'étendait pas hors de sa classe et s'exerçait surtout à son profit : il ne voulait pas d'emmerdeurs ; et comme il n'avait guère de scrupules, qu'il était grand et costaud, il leur fichait la frousse et les réduisait au silence sans effort. Mais gare au malheureux qui, lors du conseil de classe, osait se plaindre de l'indiscipline ou de la grossièreté de l'un de ces emmerdeurs. Le visage de mon collègue se plissait d'étonnement : comment était-ce possible ? Des élèves faibles, peut-être, mais si gentils ! Agités, bavards ? Comme tous les jeunes de leur âge ! Qui pompaient leurs dissertations d'histoire et trichaient à leur devoir sur table d'économie ? L'étonnement se muait en scandale et le scandale en accusation : comment tricheraient-ils en étant surveillés ? « Mais, objectait le collègue déjà sur la défensive, ils trichent bien au bac ! » « Ce qui nous concerne, déclarait alors X avec superbe, ce n'est pas qu'ils trichent au bac mais ce qu'ils font lorsqu'ils sont sous notre responsabilité ! » Le malheureux qui avait cherché un peu de sympathie, de réconfort, un brin de solidarité se trouvait donc aussitôt repoussé dans les ténèbres de la nullité pédagogique, était déconsidéré devant ses collègues, ses supérieurs, les élèves de sa classe, les délégués des parents et se tenait définitivement coi. On comprendra que cette politique avalisée par un proviseur qui fuyait les conflits et, comme tant de ses collègues, ne voulait pas de vagues, n'ait pas amélioré la discipline et qu'en peu de temps, mon lycée moyen et réputé sans problèmes ait vu sa tenue, son niveau et, pour finir, son recrutement, se dégrader.

Mais voici quelques années plus tard à quel point les choses en étaient venues. M'échut, dans la même banlieue mais dans un autre établissement, une classe désespérément médiocre (je précise, pour rassurer mon lecteur, qu'il m'est aussi arrivé d'avoir des classes moyennes et, même, de bonnes classes), dont un élève m'intriguait spécialement. Au lieu de porter l'uniforme de rigueur : jeans *baggy*, survêt (il n'y avait pas encore de capuches), casquette de rappeur et baladeur vissé aux oreilles, il s'asseyait à mon cours en costume-cravate et se tenait tranquillement dans son coin. Je me creusai la tête pour savoir si c'était un bon élève à l'ancienne, sévèrement tenu par ses parents. D'autant qu'il arborait, dès huit heures du matin, un sourire extatique qui ne l'abandonnait pas de tout mon cours. Je ne pouvais bien sûr pas escompter que Nietzsche, Rousseau ou Bergson, même eux, pussent opérer un tel miracle et conclus donc raisonnablement que mon gaillard se shootait. Je fis part de cette éventualité lors du premier conseil de classe. L'hypothèse souleva un murmure d'indignation (contre moi) et un membre de l'équipe pédagogique me demanda rudement quelles étaient mes compétences en la matière. Je dus bien sûr avouer que je n'en avais aucune, sans pouvoir dire (je ne voulais pas ruiner complètement mon année avec cette classe dont les deux délégués élèves et les deux délégués parents étaient présents) que n'importe quel professeur apprend rapidement à identifier les camés de sa classe.

Au deuxième trimestre, ce garçon avait, à mon vif soulagement, totalisé assez d'absences pour que je n'aie plus à m'inquiéter de lui. Je revins cependant à la charge : si peu d'assiduité, des résultats scolaires à ce degré de nullité n'étaient décidément pas bon signe. Je me fis reprendre, mais d'un ton plus modéré. Puis les vacances de Pâques arrivèrent, et j'oubliai M. Je tombai donc des nues lorsque son professeur principal me téléphona un soir pour me dire qu'il avait été éborgné dans un accident de voiture : une barre de fer lui avait blessé l'œil. « Tu n'avais rien remarqué ? » me demanda-t-elle. « Rien du tout, il était avec moi hier, au fond de la salle, je n'ai pas fait attention. » Au cours suivant, je regardai M. qui, toujours, souriait aux anges. Je rappelai donc ma collègue pour lui dire mon inquiétude et lui suggérer d'alerter l'assistante sociale du lycée. Le garçon avait, à l'évidence, une réaction bizarre ; il avait sûrement besoin d'une aide psychologique adéquate (nul n'échappe à son temps !). J'insistai deux jours durant puis abandonnai.

A quelque temps de là, une collègue de lettres fit irruption en larmes dans la salle des professeurs. Un élève de seconde, contraint de redoubler, l'avait menacée : « Vous, les Français, on va tous vous niquer ! » La collègue pleurait (c'était il y a quinze ans), choquée, humiliée, démunie ; nous parvînmes à quelques-uns à la rasséréner, puis à la convaincre de porter plainte. Or les flics, entendant le nom de l'insulteur, partirent d'un éclat de rire : il s'agissait du petit frère de M., lequel, ajoutèrent-ils, avait récemment été éborgné par un pistolet à grenaille lors d'un différend entre dealers. Je ne sus évidemment jamais si la version pieuse qui m'avait été présentée l'avait été de bonne foi ou sur recommandation du proviseur ; je ne puis non plus exclure que ce proviseur ait été lui-même trompé par la famille de M. En tout cas, si mes premiers soupçons avaient été entendus, ledit M., auquel aurait été épargné le douteux honneur du caïdat, aurait, pour cette fois au moins, sauvé son œil, les bandes rivales auraient peut-être été démantelées et qui sait ? son petit frère le niqueur aurait suffisamment travaillé pour échapper au redoublement.

Envoi

J'ai beau accumuler des exemples et dresser des constats, je crains bien que nul ne m'en sache gré et que l'on ne m'accuse de m'éclipser au bout de deux cents pages avec un pur et simple constat de faillite, bien contente d'avoir ajouté un « c'est la faute à l'école » à la ritournelle de ma jeunesse : « c'est la faute à la société ». Que répondrai-je ? Je n'ai pas, moi non plus, d'ardoise magique qui effacerait quarante ans de stupidités pédagogiques ni de stylo magique qui me permettrait d'écrire une nouvelle page de notre école. Pis, je ne suis pas certaine que la Machine scolaire puisse être jamais rendue à sa fonction. Je la vois à ce point faussée, avariée par les folies des pédagogues, par les appétits des syndicats, asservie à des finalités absurdes, errant, comme un navire dérouté, sans gouvernail ni mâture, sur les sombres abîmes de l'ignorance et du ressentiment que je me sens à l'occasion encline à sauter par-dessus bord, plouf ! pour laisser le voyage ou, plus sûrement, le naufrage, se consommer sans moi. Et puis je me reprends.

Après tout, les choses horribles que je raconte ici, une à une, je les ai vues ! Et si je ne les dis pas, qui les dira ? Et si ce n'est pas maintenant, quand ? J'exagère ? Tout n'est pas aussi noir ? Et puis ailleurs en Europe et, plus encore aux

Etats-Unis, ce n'est pas mieux, parfois même c'est pis ? Peut-être ! Cependant nous sommes aujourd'hui à la seizième place des pays européens pour les performances de nos collégiens de quinze ans en français et en mathématiques ! Cent cinquante ou deux cent mille élèves sortent chaque année de nos collèges sans savoir lire ni écrire, de sorte qu'ils chôment, érémisent, ou bien, ceci n'exclut pas cela, entrent dans les bizness de leurs cités. D'autres, tant d'autres, lisent mal, comprennent mal, ne savent pas s'exprimer et se rabattent, lorsqu'ils s'y essaient, sur le français woua woua parlé dans leurs quartiers (t'é ki toua, kass toua, toua) ou, ce qui est désormais à peu près équivalent, sur le jargon entendu à la télé. Enfin, chacun sait que nous ouvrons toutes grandes les portes de nos Universités à des bacheliers de vingt ou vingt et un ans, incapables, pour une bonne moitié, des moindres études. D'ailleurs, faute d'avoir jamais habitué nos élèves à travailler, nous ne trouvons plus d'adolescents capables de se plier à quelque discipline que ce soit et nous manquons non seulement de plombiers, mais d'ingénieurs et même d'informaticiens parce que les études scientifiques paraissent trop exigeantes à nos jeunes gens et qu'à force de démagogie, nous avons peu à peu tari le vivier dans lequel les étudiants des filières scientifiques se recrutaient.

Je ne vois donc pas comment, dans l'état actuel de notre enseignement, il serait possible de remettre en marche le fameux ascenseur social qui fut jadis l'honneur de l'école. Les faits d'ailleurs soulignent cette difficulté : on trouve aujourd'hui à Polytechnique, à la Rue d'Ulm, à l'ENA, deux fois moins d'étudiants issus de milieux populaires qu'il y a trente ans. Ainsi notre école toujours plus démocratique est-elle en réalité devenue bien plus sélective que ne le fut jamais l'« école de classe » que les héritiers de Bourdieu continuent de dénoncer avec le tressautement de grenouilles décérébrées. Disons-le donc encore un coup : notre système d'enseignement est sinistré, de la maternelle à l'université.

Encore serait-ce peu de chose si le constat se bornait aux élèves. Il suffirait, comme les ministres le proposent justement depuis quelques années, de « rétablir les fondamentaux » : lire, écrire, compter, d'enseigner l'orthographe et la grammaire. On pourrait aussi sévir contre les « jeunes » qui crachent sur leurs professeurs, les « traitent » ou tentent, lorsqu'ils ont leurs nerfs, de les assassiner. Et encore, simplifier une bonne fois les programmes actuels, tout à la fois insuffisants et ridiculement ambitieux. Rédiger des manuels clairs, substantiels, libres de toute idéologie, dont la présentation ne prétendrait pas concurrencer les pages « loisirs » de nos hebdos. Et peut-être aussi, abandonner à des temps meilleurs l'apprentissage du code de la route, rétablir l'étude des conjugaisons, revenir à l'enseignement chronologique de l'histoire, plutôt que de gloser sur le devoir de mémoire, remplacer en littérature l'étude des genres et des tropes par l'analyse des œuvres, tout cela marquerait, à coup sûr, un heureux progrès.

Seulement, qui le fera ? Qui, parmi les enseignants d'aujourd'hui, appliquera ces directives ? Faudra-t-il, comme sous l'Empire, aller chercher quelques vieux maîtres demi-gâteux, échappés aux septembriseurs de la pédagogie, pour enseigner le rudiment ? Ou bien, comme le suggère le recteur de l'académie de Créteil, rameuter des professeurs à la retraite qui iront quelques heures par semaine de-ci, de-là dans les classes où les jeunes maîtres ne veulent plus et ne peuvent plus enseigner ? Car voici au moins une génération qu'un très grand nombre d'enseignants ne disposent plus d'assez de connaissances pour faire autre chose que de régurgiter le brouet dont leur hiérarchie les a abreuvés. Intellectuellement destructurés par une école primaire inconsistante, un collège affreusement médiocre, ils sont passés, parfois au bénéfice du doute, de première en terminale avant de décrocher un bac dévalué. Par la suite, ils ont réussi des Capes médiocres, à sept sur vingt de moyenne, des agrégations ultra-lights, avant d'être soumis à des inspecteurs qui leur ont imposé leurs lubies. Enfin, les classes désolantes dans lesquelles on les a nommés au début de leur carrière ont achevé de leur persuader que « l'important n'est pas le savoir, mais le savoir-enseigner », en d'autres termes, que leur première mission est de tenir le coup face à des élèves difficiles, à la limite de la délinquance ou déjà délinquants.

C'est ainsi que l'école a glissé dans un cercle vicieux où le soupçon initialement jeté sur le savoir a rendu sa transmission toujours plus difficile, ce qui, par un effet de choc en retour, n'a cessé de le discréditer. « Vous voyez bien, s'écrient les pédagogues qu'il n'est plus possible d'enseigner *comme avant* ! Vous voyez bien que les élèves ne sont plus les mêmes ! Ni les parents ! » « D'ailleurs (disent-ils toujours), ne faudrait-il pas laisser tomber ces vieilles catégories, *élèves*, *parents*, puisque nous n'avons plus affaire qu'à des *usagers* » qui sont au surplus, comme me le rappelait l'un de mes supérieurs, exigeants ? De sorte qu'il convient avant toute chose de les séduire et de les motiver. L'instruction viendra après !

On ne s'étonnera pas alors de voir l'institution scolaire s'émietter sous le fardeau d'innombrables missions dont j'ai déjà dressé le catalogue, en omettant toutefois la prévention des accidents de la circulation, l'éducation à la santé qui signale les dangers de rapports sexuels non protégés, met en garde contre les conduites addictives et les comportements à risque, comme de jouer à s'étrangler tout seul ou avec d'autres dans la cour de récréation. Bien sûr ces précautions sont vaines. Les MST se répandent impétueusement, l'information sur la contraception et la pilule du lendemain n'évitent pas deux cent mille avortements par an, et la violence gratuite apparaît de plus en plus tôt, que le lecteur ici ouvre grand ses oreilles : dès l'âge de trois ans.

Il est temps de s'apercevoir, en effet, que les grands et petits délits qui s'étendent irrésistiblement dans les lycées et les collèges sont précédés par une menue délinquance déjà présente à l'école primaire et, de plus en plus souvent, dès les classes maternelles : larcins, insultes, crachats, violences physiques qui dépassent de beaucoup les bagarres ordinaires des cours de récréation. J'en ai brièvement esquissé la genèse qui ne tient pas à quelque anomalie constitutionnelle des enfants mais tout bonnement aux carences de leur première éducation, à l'emprise de contre-exemples prestigieux face auxquels les maîtres sont impuissants, tout comme ils sont intimidés par certains parents violents, menaçants, campant sur leurs droits, interminables chicaneurs, dont rien ne parvient plus à tempérer les exigences. Ainsi, beaucoup de professeurs se plaignent aujourd'hui de ces pères et de ces mères qui prennent systématiquement le parti de leur progéniture, quel que soit le méfait commis, et vont jusqu'à engager un avocat pour défendre le cher mignon, s'il vient par extraordinaire à comparaître devant le conseil de discipline de son lycée.

Mes jeunes instituteurs-stagiaires, qui n'enseignent pourtant pas dans les écoles des bobos, ne m'en rapportent pas moins, eux aussi, quantité d'anecdotes désolantes. Telle petiote, par exemple, jette son cartable au visage de sa mère venue l'attendre à la sortie et la bourre de coups de pied, sans d'ailleurs s'attirer la moindre remontrance, ni de sa maman, ni de son institutrice, qui, scandalisée lorsqu'elle me raconte l'incident, n'ose cependant pas intervenir. Tel autre innocent de sept ans coince une copine dans les toilettes et lui intime l'ordre de « le sucer », telle autre mignonne de huit ans tente (toujours dans les cabinets) de fourrer son outil scripteur dans le vagin de sa petite camarade de deux ans plus jeune sans, là encore, que la maman (le papa, on sait pas c'est qui, ni il est où), alertée par les maîtresses, trouve matière à redire. Plutôt que d'expliquer à sa petite fille le pourquoi et le comment, elle se contente de nier le fait. Un petit gars qui passe, au dire de sa mère, ses nuits « dans le lit conjugal », fouille le sac de son institutrice, lui pique son porte-monnaie, telle autre petite enfant est griffée, mordue, rossée par trois caïds de deux ans ses aînés.

Dans bien des classes que j'ai visitées, le niveau sonore, selon l'expression désormais consacrée, est tel qu'il est tout bonnement impossible de faire cours ; les enfants n'entendent plus leur maître dont les propos se perdent dans le brouhaha ambiant, ils se lèvent, s'interpellent, se bousculent, circulent à leur gré, s'accroupissent sur leurs chaises ou s'affalent. Un moutard de cinq ans ricane des réprimandes que je lui adresse, moi qui me suis pourtant présentée comme « la maîtresse de sa maîtresse », au point qu'il me faut le traîner dans le couloir et le menacer de le conduire « chez Monsieur le directeur ». Il se trouble alors un peu, le petit menton tremble, je le crois assez intimidé pour le reconduire à sa place où il s'essaie durant quelques instants, au prix d'un terrible effort, à faire quelque chose, avant de s'effondrer sur lui-même et de déclarer à la cantonade : « J'suis crevé. » Cet enfant, qui n'est manifestement pas d'un milieu défavorisé, est incapable, après deux ans et demi de scolarité de soutenir son attention et de fournir le plus petit commencement de travail. Tel autre, interrogé sur son comportement caractériel, déclare, avec une emphase prometteuse, qu'il entend « mettre la misère dans la classe ». Bien sûr, il existe encore bien des écoles où les instituteurs parviennent à faire travailler des élèves qui sont raisonnablement dociles, mais leur nombre, année après année, va en diminuant.

Répétons que tous ces affreux jojos, placés dans des situations plus favorables, se seraient développés peu ou prou normalement et seraient devenus des enfants ouverts, curieux d'esprit, raisonnablement affectueux en famille, suffisamment polis avec leurs maîtres, capables de s'exprimer correctement et de cultiver les talents, grands ou petits, qui leur appartiennent en propre. Mais, justement, leurs conditions de vie sont à ce point pathogènes que les enseignants débordés finissent par les envoyer en désespoir de cause dans des consultations *ad hoc*, alors que l'enfant ne demande rien, sauf des pizzas et des PlayStation ; il ne voit pas pourquoi il devrait aller « parler à la dame » et puis, ça embête ses parents de l'y mener, de sorte que tout finit par rester en l'état. Que devient-il donc dix ans plus tard ? A l'occasion, l'un de ces héros de faits divers dont les méfaits suscitent notre consternation.

Qu'on m'entende bien ! Quoique, jour après jour, je sois témoin de cette interminable et désolante procession de négligences, de sottises, d'inconséquences, de démissions et de préjugés, je ne me sens pas l'âme d'un procureur. Je m'inquiète : « Comment, mais comment allons-nous donc pouvoir nous sortir de là ? » Je n'entends pas pour autant dresser un acte d'accusation, ni procéder à un réquisitoire. J'ouvre simplement les yeux. Je vois des adolescents déglingués, involontairement pervertis par des parents immatures, dépourvus de bon sens, parfois même insouciants du devenir de leurs enfants et des maîtres dont la bonne volonté s'épuise en vain parce qu'on l'a privée de son ressort : le savoir, de sa finalité : la transmission, de son cadre : l'autorité, et je ne puis m'empêcher de noter que la quête inlassable de nouveaux rapports aux élèves et de savoirs nouveaux a jeté l'école hors de ses gonds. Personne ne semble plus se souvenir que la *scholè* d'où vient notre école, le nom et la chose, désigne ou désignait naguère le loisir studieux, le temps où s'acquièrent les savoirs propres à développer le *logos*, tout à la fois langage et raison. Ni que cette occupation était jugée la meilleure pour des hommes libres ou des enfants destinés à le devenir, qu'elle était tout entière orientée par le souci des choses hautes, celles qui sont propres à nous élever au-dessus de notre condition primitive, à nous libérer de la tyrannie des concupiscences stériles et des amusements dégradants. Et qu'ainsi, le savoir enseigné à l'école, même le plus humble, avait part à quelque chose de sacré. Cet apparentement explique sans doute pourquoi l'école, lors même qu'elle fut devenue laïque, demeura longtemps à l'écart de la société, de sorte que le temps scolaire, l'espace, les travaux, les règles de l'école étaient distincts du temps, de l'espace, des travaux du monde alentour. Sans cette distinction si arbitraire et artificielle qu'on la juge, nos lettres, nos sciences, nos arts, nos techniques mêmes, ne se seraient pas développés et nous vivrions aujourd'hui au milieu d'un désert. Peut-être cette part de sacré était-elle devenue peu de chose, peut-être ne survivait-elle plus depuis longtemps qu'à l'état de trace, mais je crois que son effacement, aujourd'hui consommé, a détruit notre enseignement, l'a privé de son humanité, de sa dignité et, pour finir, de sa légitimité.

Mon inquiétude est d'ailleurs partagée par les pédagogues dont je ne puis ignorer qu'ils voudraient bien, à leur façon, colmater ces lézardes qui les inquiètent en « redonnant », comme ils disent dans leur idiome gracieux, « du sens aux apprentissages », et même de l'autorité à l'institution. Le lecteur devrait-il alors nous renvoyer dos à dos, les pédagogues et moi, et, sans plus se soucier de notre opposition, nous décréter semblables, vrais jumeaux également orphelins d'une culture condamnée et d'un savoir enfui ? Je ne le pense pas car nous interprétons de façon contraire la déperdition de sens et de légitimité qui nous frappe. Les pédagogues voudraient effacer jusqu'aux traces de cette référence à la haute culture, au savoir désintéressé qui demeurent, là où elles sont encore sensibles, l'effet d'une survivance archaïque, d'une « distinction » qu'il faudrait à tout prix éliminer. Ils s'efforcent donc inlassablement d'inscrire l'école dans l'espace social commun, en substituant aux disciplines anciennes toutes les amusettes dont j'ai dressé le catalogue. Ils veulent une école résolument sociale, une école de l'échange et du partage, et de plus, une école multiculturelle qui ne soit plus un ghetto ou, comme le dit Philippe Meirieu, le « sanctuaire » d'une élite mais s'ouvre à toutes les identités ; partant, une école où les différences, de quelque nature qu'elles soient, seraient abolies, ce que j'illustrerai d'une façon tragique et caricaturale par la politique dite d'« intégration des élèves en situation de handicap ».

Mon lecteur ignore peut-être que l'on est désormais tenu d'admettre, dans les classes tout-venant de l'école primaire[1],

1. A la suite d'une loi votée en novembre 2005 qui ne pose aucune condition d'âge, de niveau intellectuel, ni de réussite scolaire à cette intégration.

des enfants lourdement handicapés, gravement caractériels, trisomiques, psychotiques, à l'évidence incapables d'acquérir les fameux fondamentaux et qui dérivent comme des bateaux ivres, interrompent la leçon par des cris gutturaux, chantonnent interminablement quelque mélopée, tombent de leur chaise, insultent leur maîtresse, mordent leurs camarades ou tentent, à l'occasion, de leur crever l'œil, sans recevoir l'attention que nécessiterait leur état. Ces malheureux, sacrifiés sur l'autel de la nouvelle citoyenneté et de l'intégration tous azimuts, ne sont ni éduqués, ni instruits. Dans le meilleur des cas, ils bénéficient en classe de l'assistance d'une AVS (auxiliaire de vie scolaire) qui les occupe tant bien que mal et surtout tente de les neutraliser, tandis que l'enseignant vaque à ses occupations.

Au vrai et malgré de pathétiques déclamations, nul ne se soucie de ce que vivent réellement ces enfants. On les a mis là et c'est tout ! Une maîtresse m'explique ainsi que, lors d'une séance de lutte à mains plates (éducation physique), elle propose à une petite fille malvoyante et sourde « ou bien d'ôter ses prothèses, ou bien de ne pas participer à l'activité », sans que je parvienne à faire sentir au groupe au sein duquel cette situation est débattue, combien l'alternative proposée est cruelle. « Puisqu'elle est là, me disent-ils, nous sommes bien obligés de faire avec. » Je me souviens alors d'une autre petite, paralysée des jambes, recroquevillée de terreur sur son fauteuil roulant que ses camarades poussaient à fond la caisse, d'un bout à l'autre de la cour de récréation, sans que personne y prît garde. Les apparences étaient sauves, les maîtres bavardaient, après tout, pour eux aussi, c'était la récré ! Les gamins jouaient et chacun se réjouissait que la petite handicapée fût intégrée au sein du groupe agglutiné autour de son fauteuil. L'essentiel n'était-il pas que la sacro-sainte égalité fût établie, la différence déniée et les pédagogues satisfaits ?

Ces exemples manifestent une fois encore, s'il en était besoin, à quelles absurdités est conduite l'institution scolaire sitôt qu'elle est détournée de sa fonction, la transmission du savoir, au bénéfice de tâches qui ne sauraient être les siennes. Cette dernière remarque me servira de conclusion. A l'inévitable et lancinante question : « Mais que faudrait-il donc faire ? Que proposez vous ? Que voulez-vous ? », je répondrai : « Rien, surtout, rien du tout ! » Voici quarante ans et davantage que les réformes se succèdent, que les missions s'entassent et que le bâtiment croule. Je crois, j'espère du moins, qu'au point où il est actuellement rendu, il ne pourra pas tomber encore beaucoup plus bas. Peut-être fallait-il cette dégringolade pour révéler l'imposture d'une pédagogie aberrante qui s'est peu à peu imposée au titre des droits de l'homme et de l'égalité. Encore faudrait-il, pour que la catastrophe fût salutaire, que nous acceptions de reconnaître dans le présent gâchis le résultat de nos fourvoiements, de notre paresse d'esprit, de notre abdication, de notre lâcheté devant la conjuration des bien-pensants et que nous nous posions enfin clairement, avant qu'il ne soit trop tard, les questions auxquelles me paraît suspendu notre devenir commun : qui sommes-nous ? que voulons-nous être ? comment comprenons-nous notre humanité ? En d'autres termes qu'avons-nous à transmettre aux générations qui viennent et quel héritage souhaitons-nous leur léguer ? Les réponses que nous apporterons décideront seules et, comme disaient les marxistes de ma jeunesse, « en dernière instance » de notre sort et de celui de notre système d'enseignement.

TABLE

Composition et mise en page

NORD COMPO
multimédia

Cet ouvrage a été imprimé par
Bussière
à Saint-Amand-Montrond (Cher)
pour le compte des Éditions Perrin

Achevé d'imprimer en août 2008.

N° d'édition : KC2890. – N° d'impression : 082363/1.
Dépôt légal : août 2008.
Imprimé en France